新能源汽车动力电池检修

主　编　薛成文　肖朝南　雷昌浩
副主编　田贞军　谢怀德　陈　崇
参　编　陈　毅　周林山

北京理工大学出版社
BEIJING INSTITUTE OF TECHNOLOGY PRESS

内 容 简 介

本书以目前新能源汽车核心技术之一——新能源汽车动力电池检修为主题，共设计 4 个学习情境、13 个任务。其中，学习情境 1 为动力电池的认知，主要介绍常见动力电池的结构、工作原理和特点；学习情境 2 为动力电池成组管理，主要介绍动力电池组的组成结构和动力电池管理系统的检测；学习情境 3 为动力电池的维护及检测，主要介绍动力电池的日常保养、开盖维修和检测；学习情境 4 为动力电池的检修，主要介绍动力电池绝缘故障和电源故障的检修。

本书由校企合作共同编写，可作为中等职业院校汽车类相关专业和交通运输类相关专业的教材，也可作为相关从业人员的业务参考书和培训教材。

版权专有 侵权必究

图书在版编目（CIP）数据

新能源汽车动力电池检修 / 薛成文，肖朝南，雷昌浩主编 . -- 北京：北京理工大学出版社，2021.10
ISBN 978-7-5763-0549-4

Ⅰ . ①新… Ⅱ . ①薛… ②肖… ③雷… Ⅲ . ①新能源 – 汽车 – 蓄电池 – 检修 Ⅳ . ①U469.720.7

中国版本图书馆 CIP 数据核字（2021）第 214922 号

出版发行 /	北京理工大学出版社有限责任公司
社　　址 /	北京市海淀区中关村南大街 5 号
邮　　编 /	100081
电　　话 /	（010）68914775（总编室）
	（010）82562903（教材售后服务热线）
	（010）68944723（其他图书服务热线）
网　　址 /	http://www.bitpress.com.cn
经　　销 /	全国各地新华书店
印　　刷 /	定州市新华印刷有限公司
开　　本 /	889 毫米 × 1194 毫米　1/16
印　　张 /	9
字　　数 /	140 千字
版　　次 /	2021 年 10 月第 1 版　2021 年 10 月第 1 次印刷
定　　价 /	33.00 元

责任编辑 / 陆世立
文案编辑 / 陆世立
责任校对 / 周瑞红
责任印制 / 边心超

图书出现印装质量问题，请拨打售后服务热线，本社负责调换

前言

随着我国经济社会发展水平不断提高，汽车保有量持续攀升。大力发展电动汽车，能够加快燃油替代，减少汽车尾气排放，对保障能源安全、促进节能减排、防治大气污染、推动我国从汽车大国迈向汽车强国具有重要意义。

"新能源汽车动力电池检修"课程是新能源汽车运用与维修专业的一门专业核心课程。通过本课程的学习，学生应学会新能源汽车动力电池检修的基础理论知识；能够熟练使用新能源汽车动力电池检修的相关工具和设备；能够熟练地对动力电池管理系统进行检测；能够独立完成动力电池的日常保养；能够对动力电池进行更换并开盖维修，能够检修动力电池的常见故障。本课程旨在培养学生的学习兴趣和工匠精神，逐渐提高其创新精神、实践能力；培养学生运用所学知识与技能解决生产生活中相关实际问题的能力，以及安全生产、节能环保和保证产品质量等职业意识，使其养成良好的工作方法和工作作风，为后续新能源汽车运用与维修专业相关课程的学习及未来的职业生涯打下坚实的基础。

本书的开发遵循以任务为导向的职业教育思想，以职业能力和职业素养培养为重点，根据行业岗位需求、新能源汽车运用与维修专业的人才培养目标和新能源汽车动力电池检修的教学大纲选取教材内容，根据工作过程系统化的原则设计任务，依据人的职业成长规律编排教材内容。

本书采用工学结合的一体化课程模式，采用行动导向教学方法，以"学习情境"为主线，将"知识学习、职业能力训练和综合素质培养"贯穿于教学全过程的一体化教学模式，让学生在技能训练过程中加深对专业知识、技能的理解和应用，培养学生的综合职业技能，全面体现职业教育的新理念。

本书编写具有以下特色。

（1）反映新时代教学改革成果。本书以《教育部关于职业院校专业人才培养方案制订与实施工作的指导意见》等文件精神为指导，符合技术技能人才成长规律和学生认知特点，对接国际先进职业教育理念，适应人才培养模式创新和课程体系优化的需要，全面反映新时代产教融合、校企合作、创新创业教育等方面的教学改革成果。

（2）编写体例、形式和内容符合职业教育的特点，教材结构设计符合学生的认知规律，强调"理实一体"，突出实践性，力求实现情境化教学。

（3）新形态一体化教材，实现教学资源共建共享。发挥"互联网+教材"的优势，提供配套教学课件、电子教案、教学视频等供任课教师使用。新形态一体化教材便于学生即时学习和个性化学习，有助于教师借此创新教学模式。

（4）校企"双元"合作开发教材，实现校企协同"双元"育人。教材紧跟新能源汽车产业发展趋势和行业人才需求，及时将产业发展的新技术、新工艺、新规范纳入教材内容，并吸收行业企业技术人员、能工巧匠深度参与教材编写。

本书由重庆市经贸中等专业学校薛成文、重庆红江机械有限责任公司肖朝南、重庆市经贸中等专业学校雷昌浩担任主编；重庆市经贸中等专业学校田贞军、谢怀德、陈崇担任副主编；重庆市经贸中等专业学校陈毅、周林山参加编写。具体编写分工如下：学习情境1任务1和任务2由薛成文编写，学习情境1任务3由雷昌浩编写，学习情境1任务4由田贞军编写，学习情境1任务5和任务6由肖朝南编写，学习情境2任务1和任务2由陈毅编写，学习情境3任务1由谢怀德编写，学习情境3任务2和任务3由陈崇编写，学习情境4任务1和任务2由周林山编写。

由于编者水平有限，书中难免存在缺点和不足之处，恳请广大读者批评指正！

编 者
2021年8月

目录

学习情境1　动力电池的认知　　1

　　任务1　认知新能源汽车对动力电池的要求　　1

　　任务2　认知铅酸动力电池　　9

　　任务3　认知镍氢动力电池　　16

　　任务4　认知磷酸铁锂电池　　27

　　任务5　认知三元锂动力电池　　35

　　任务6　认知氢燃料电池与其他类型动力电池　　41

学习情境2　动力电池成组管理　　55

　　任务1　认知动力电池组　　55

　　任务2　认知动力电池管理系统　　63

学习情境3　动力电池的维护及检测　　71

　　任务1　动力电池的日常保养　　71

任务 2　动力电池的更换与开盖维修……………………………………………… 81
任务 3　检测汽车动力电池……………………………………………………… 91

学习情境 4　动力电池的检修……………………………………………… 100

任务 1　检修动力电池的绝缘故障……………………………………………… 100
任务 2　检修动力电池管理系统的电源故障…………………………………… 104

学习情境 1

动力电池的认知

任务 1　认知新能源汽车对动力电池的要求

学习目标

1）能描述动力电池的性能要求。
2）能描述动力电池的基本参数。
3）能描述电动汽车电池的分类。
4）能描述影响锂离子电池性能的主要因素。

1.1.1　动力电池概述

电池的发展史

电池技术是电动汽车的动力源泉，也是一直制约电动汽车发展的关键因素。到目前为止，电动汽车用电池经过了三代的发展，已取得了突破性的进展。第一代是铅酸电池，主要是阀控铅酸电池，其具有比能量较高、价格低和能高倍率放电的优点，是适合大批量生产的电动汽车用电池。第二代是碱性电池，主要有镍镉、镍氢、钠硫、锂离子和锌空气等多种电池，其比能量和比功率都比铅酸电池高，因此大大提高了电动汽车的动力性能和续航里程。第三代是以燃料电池为主的电池，其直接将燃料的化学能转变为电能，能量转变效率高，比能量和比功率都高，并且可以控制反应过程，能量转化过程可以连续进行，因此是理想的汽车用电池，如图1-1-1所示。目前，燃料电池还处于研制阶段，一些关键技术还有待突破。

图1-1-1 动力电池

1.1.2 动力电池的性能要求

动力电池是电动汽车的关键核心部件，特别是在纯电动汽车上，动力电池作为唯一的动力源尤为重要。出于实际运行的需要，电动汽车对动力电池性能提出了一定的要求，主要包括如下几个方面。

1）能量密度高，以提高运行效率和续航里程。

2）输出功率密度高，以满足驾驶性能的要求。

3）工作温度范围宽（-40℃~+50℃），以满足夏季高温和冬季低温的运行需要。

4）循环寿命长，以保证电池的使用年限和行驶总里程。

5）无记忆效应，以满足车辆在使用时常处于非完全放电状态下的充电需要。

6）自放电率小，以满足车辆较长时间搁置的需求。

此外，还要求电池安全性好、可靠性高以及循环寿命长等。

1.1.3 动力电池的基本参数

涉及动力电池的参数指标非常多，主要考虑以下几个。

1）电压：动力电池的电压（端电压）是指其正极与负极之间的电位差。根据电池的不同状态，电压可以分为开路电压、放电电压和充电电压等。静置开路电压一般能较好地反映电池现有容量，但也受到电池内电化学反应状态的影响。

2）电池能量密度：电池能量密度指电池的平均单位体积或质量所释放出的电能。电池能量密度=电池容量×放电平台/电池厚度/电池宽度/电池长度。

3）电池比能量：电池比能量是指参与电极反应的单位质量的电极材料放出电能的大小。它比能量密度的概念更加精细和专业，适用于电池能量密度的准确比较。

4）电池比功率：电池比功率是指每千克蓄电池所能释放的功率值，它代表电池充放电的速度水平。比功率一般不需要精确标定。

5）电池荷电状态：电池荷电状态（State of Sharge，SOC）也称为电池剩余容量，是表征电池状态的重要参数之一，是电池管理系统的重要功能。它描述电池的剩余容量，是电池使用过程中的重要参数。准确计量电池荷电状态是电池安全和优化控制充放电能量的保证。

6）性能状态：性能状态又称健康度（State of Health，SOH），是指在一定条件下，电池所能充入或放出的电量（满充容量）与电池标称容量的百分比。它反映电池的整体性能以及电池的放电能力。

7）电池循环寿命：电池循环寿命是指电池在保持输出一定容量的情况下所能进行的充放电循环次数，也称为动力电池的使用寿命。

8）剩余使用寿命：剩余使用寿命（Remaining Useful Life，RUL）是根据当前电池状况对电池剩余使用寿命的预测。

1.1.4 电动汽车电池分类

电动车辆可选用的二次动力电池主要包括铅酸蓄电池、镍镉电池、镍氢电池和锂离子电池等，各种电池具有不同的特性。

1. 铅酸蓄电池

铅酸蓄电池（图1-1-2）用填满海绵状铅的铅板作负极，正极则采用填满二氧化铅的铅板，并用1.28%的稀硫酸作电解质。在充电时，电能转化为化学能；放电时，化学能又转化为电能。电池在放电时，金属铅是负极，发生氧化反应，被氧化为硫酸铅；二氧化铅是正极，发生还原反应，被还原为硫酸铅。电池在用直流电充电时，两极分别生成铅和二氧化铅。移去电源后，它又恢复到放电前的状态，组成化学电池。铅酸蓄电池是能反复充电、放电的电池，称为二次电池。它的电压是2V，通常把3个铅酸蓄电池串联起来使用，电压是6V，汽车上用的低压蓄电池是6个铅酸蓄电池串联成的12V电池组。铅酸蓄电池在使用一段时间后要补充蒸馏水，使电解质保持含有1.2%~1.8%的稀硫酸。

图1-1-2 铅酸蓄电池

铅酸蓄电池具有制造工艺和技术成熟、价格低、原材料易得到、性能稳定、自放电率低和可大电流充放电等特点，在交通、通信、电力、军事等较多领域得到广泛应用。但是铅酸蓄电池具有能量低、充放电寿命短及重金属铅污染等缺点，加之作为电动汽车动力源发展至今未有大的突破，所以铅酸蓄电池在电动汽车业中的应用逐渐被其他高性能电池所取代。

2. 镍镉电池

镍镉电池（图1-1-3）具有内阻小、可快速充电、充放电寿命较长（约是铅酸蓄电池的两倍，充放电可达1000次）、比能量高等优点，应用仅次于铅酸蓄电池。但因其具有工作电压低（1.2V）、自放电率高、有记忆效应等缺点，不能广泛应用于电动汽车，且对环境有污染，所以将会逐渐被性能更好的镍氢电池取代。

图1-1-3 镍镉电池

3. 镍氢电池

镍氢电池是20世纪90年代发展起来的一种新型的绿色电池，具有储能多、无记忆效应、无污染、充放电寿命长等特点。

镍氢电池（图1-1-4）正极活性物质为氢氧化镍（电极称为氧化镍电极），负极活性物质为金属氧化物，也称储氢合金（电极称为储氢电极），电解液为氢氧化钾。

镍氢电池具有能量密度高、功率密度高、可快速充放电、循环寿命长，以及无记忆效应、无污染、可免维护、使用安全等特点，被称为绿色电池。该种电池同镍镉电池相比，性能指标普遍高于镍镉电池；镍氢电池的比能量是镍镉电池的1.5~2倍。电流充放电时，无记忆效应、低温特性好、综合性能优于镍镉电池，同时镍镉废电池处理复杂，在能源紧张、环境污染严重的今天，镍氢电池显示出广阔的应用前景。因为正极镍电极同镍镉电池完全一样，所以凡是能使用镍镉电池的电器都可以使用镍氢电池；镍氢电池无毒，利于环保且综合性能优于镍镉电池。

4. 锂离子电池

锂元素是锂离子电池的核心，锂是自然界最轻的金属。虽然锂离子电池的种类很多，但是工作原理相似。锂离子电池（图1-1-5）充电时，锂离子从正极材料的晶格中脱离出来，经电解质溶液和隔膜，嵌入负极材料的晶格中；放电时，过程相反。在充放电全过程中，锂离子往返于正负极材料间，称为摇椅式电池。

图1-1-4 镍氢电池

图1-1-5 锂离子电池

锂离子电池中电流的大小与单位时间内反应产生的电荷数量直接相关。物理上一般规定，电流的方向为正电荷的流动方向或者负电荷流动的反方向。所以，充电时外电路电流的方向为从电池的负极流向正极。同时，在电池的内部，锂离子（正电荷）从电池的正极迁移到电池的负极，形成正电荷流，且离子数量及电荷量和外电路的完全一样，流动的方向从电池的正极流向负极，形成与外电路同样大小的电流，构成闭合的电流回路，放电过程则相反。在电池整个充放电过程中，锂元素始终以离子态的形式存在，在电池的正负极之间嵌入和脱出，这也是锂离子电池被形象地称为摇椅式电池的原因。

1.1.5 影响锂离子电池性能的主要因素

1. 温度

温度对电池性能的发挥具有重要的影响。电池温度高会使电池的活性增加，能量得到更加有效的发挥，但是电池长时间工作在高温环境下，寿命会明显地缩短；电池温度低会使电池的活性明显降低，电池的内阻、极化电压增大，实际可用容量减少，电池的放电能力下降，放电平台降低，电池更加容易达到放电截止电压，表现为电池的可用容量减小，电池的能量利用效率下降。

通过对电池在高低温下性能的测试，可以得到锂离子电池受温度影响的规律如下。

1）低温环境下充电容易出现金属锂的沉积而引发安全事故。低温环境下，锂离子的嵌入和脱出能力下降，特别是嵌入能力下降得更严重，所以低温下充电比放电更难。低温充电时，由于锂离子的沉积速度大于嵌入速度，大量的金属锂沉积在电极表面，形成"死锂"，造成安全隐患。同时，由于低温下锂离子在石墨负极中的扩散速度慢，电极石墨微粒表面锂离子浓度较高，产生极高的浓度极化，使电池电压快速上升至充电截止电压。

2）高温环境下，正极晶格结构的稳定性变差，容易导致结构破坏。这时充电上限电压需要适当降低，否则会进一步降低电池的安全性。

2. 电压

锂离子电池在充放电的过程中，需要对电池的上限电压进行监控。当电池电压高于电池的限制电压时，电池内部将发生副反应并产生大量的热，使电池热稳定性下降，容易发生热失控。当电池的充电电压超过电池的最大允许充电电压时，锂离子将过量地从电池正极脱出，造成正极晶格结构被破坏，容易发生释氧。同时，大量的锂离子嵌入电池负极，不能嵌入的锂离子沉积在电池负极表面，从而增加了电池内部短路并出现热失控的可能性。所以，电池在充放电的过程中，电池的电压超过电池的上限电压是绝对禁止的。在电动汽车等成组电池使用时，必须保证所有单体电池的电压不超过上限电压。同样，锂离子电池也存在下限电压。在使用的过程中，当电池的电压低于下限电压时，电池负极的金属集流体就会开始熔解，再次充电时会在附近沉积，达到正极时，就会造成电池的内部短路或者漏液，所以当电池出现严重过放电时，电池的充电是被禁止的。

3. 电流

电池都存在一定的内阻，当电池的工作电流太大时，电池内部发热量明显增加，温度升高，从而导致电池的热稳定性下降，并形成正反馈。另外，锂离子电池正负极脱嵌锂离子的能力是有限的，对应的就是电池的最大允许充放电电流。当电池的充放电电流大于电池的脱嵌能力时，势必导致电池的极化电压明显增加，电池提前达到充放电截止电压，电池的实际容量减小，能量利用效率下降，严重时还会导致锂离子的沉积，从而影响电池的安全性。

1.1.6 电池类型选取

电池技术是目前制约纯电动汽车发展的难题之一，电池的种类很多，目前发展最成熟的应用在电动汽车上的电池主要为化学电池，包括铅酸电池、镍氢电池、镍镉电池、锂离子电池等。车用电池不同于其他用途的电池，它有独特的要求，如表1-1-1所示。

1）由于汽车各部件布置空间有限且整备质量不宜过大，要求电池的体积质量尽可能小，这就要求其具有高的比能量和比功率。

2）为了满足日常生活中对汽车的实际行驶需求，电池需要有快充和深度放电的能力。

3）汽车作为日常交通工具，使用率较高，所以电池必须能多次循环充电，有较长的使用寿命。

4）最好能免维护或者方便维护，绿色环保，回收利用率高。

5）性能稳定，安全性高，能够适应各种恶劣环境，能够抗振动、碰撞等。

6）尽可能制造方便，降低生产成本。

表1-1-1 不同电池的性能

项目	铅酸蓄电池	镍镉电池	镍氢电池	锂离子电池
工作电压/V	2	1.2	1.2	3.6
质量比能量/(W·h·kg^{-1})	3570	40~60	60~80	90~160
体积比能量/(W·h·L^{-1})	70	150	200	270
充放电寿命/次	300~500	500~1000	500~1000	600~1200
自放电率/(%·月$^{-1}$)	5	25~30	30~35	6~9
记忆效应	无	有	无	无
环境污染	污染	严重污染	无污染	无污染
成本/[美元·(kW·h)$^{-1}$]	75~150	100~200	230~500	120~200

铅酸电池可以说是目前汽车领域技术最成熟、最常用的电池种类，主要作为汽车各种电子设备的能量源。尽管铅酸电池有着能量密度低、功率密度低、循环寿命短等缺点，但稳定的性能、低廉的价格还是使其得到了广泛应用，特别是在一些低速纯电动汽车上，如旅游观光车、城市代步车等，如图1-1-6所示。

镍镉电池相对于铅酸电池有能量密度大、循环寿命长等优点，但同时其生产成本也相对较高，回收利用率低，更重要的是其所含的重金属镉会造成严重的环境污染。环保问题是制约镍镉电池的最大因素，目前镍镉电池基本由镍氢电池所替代。

镍氢电池有着非常优异的性能，不仅比能量、比功率、循环寿命较高，在安全性、环保性上也是目前较好的电池类型之一，一度被誉为"绿色电池"，具有不错的发展前景。其缺点主要是对温度较敏感，温度过高或过低都会使其容量明显变小，而且价格高昂的金属镍也使其生产成本太高，从而制约了镍氢电池的大规模生产发展。

锂离子电池凭借其优异的整体性能，目前已经成为纯电动汽车领域应用的主流选择。其具有比能量高、比功率高、循环寿命长、自放电系数低、污染小等很多优点，是目前作为纯电动汽车能源的电池之一。锂电池种类繁多，目前电动汽车上应用较多的是磷酸铁锂电池和三元锂电池，磷酸铁锂电池能量密度相对于其他锂电池较低，但其拥有良好的热稳定性和安全性，目前主要应用于电动大巴等。三元锂电池虽然安全稳定性相对欠缺，但其拥有更高的能量密度，目前主要应用于电动乘用车，如图1-1-7所示。

图1-1-6 低速纯电动汽车

图1-1-7 电动乘用车

拓展知识

1. 电池包轻量化研究现状

根据相关资料统计，燃油汽车的质量每减少10%，油耗可减少6%~8%，尾气排放能降低4%。同时，也能积极地改善汽车行驶中的比功率，从而有效地减轻了汽车尾气对环境造成的污染。因此，汽车的轻量化设计已经成为汽车发展的主流趋势。对于汽车的轻量化设计，绝非是一味地将汽车质量减小，而是在保证汽车刚度、模态和安全等性能的前提下，通过现代设计方法尽可能减轻汽车的质量，以达到轻量化目的。目前，轻量化设计主要可通过结构优化、轻量化材料和先进工艺三种途径来实现,如图1-1-8所示。而对于电动汽车来说,汽车质量的减小不仅能减少电池电量的消耗,还能提高纯电动汽车的续航里程以及改善整车的动力性能。在电动汽车各总成当中,动力电池系统的质量占据了整车质量的30%,过重的动力电池包极大影响了电动汽车的续航能力。与此同时,电池包又作为电动汽车电池的主要载体,在维护电池安全和防止外界干扰等方面起到了关键性的作用。因此,对动力电池包进行轻量化设计具有十分重要的意义。

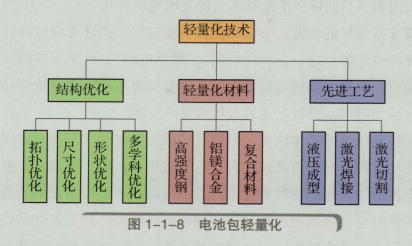

图1-1-8 电池包轻量化

2. 动力电池存在的问题

为了满足车辆行驶里程和功率的要求,动力电池组通常由数百个单体电池串并联组成。当电池组在电动汽车上使用时,由于单体电池制造工艺和包装技术的不同,单体电池之间的差异会逐渐增大。这使电池组的外部特性更加复杂,不一致性愈发明显。当其中某些电池的"健康状况"恶化时,会影响整个电池组的性能,并加剧寿命衰减,甚至引发安全问题。

近年来,有很多由电池故障而导致电动汽车发生火灾和爆炸的事故。例如,2020年4月,一辆特斯拉牌电动汽车在上海一小区停车场内突然冒出白烟,随后起火燃烧;2020年5月26日,一辆依维柯牌电动汽车在深圳发生追尾事故后立即起火燃烧,经勘察确认是由于汽车发生剧烈碰撞,导致电池受损引发热失控;2020年5月28日,一辆比亚迪牌电动汽车在深圳某充电站充完电后,在次日早晨发生自燃。这些事故表明,锂离子电池仍存在安全隐患,容易引发热失控而导致火灾和爆炸,如图1-1-9所示。

电池热失控的主要原因包括电滥用(电池自发内短路、过充电、过放电等)、机械滥用(电池碰撞、挤压、针刺等)和热滥用。这些滥用都会引起电池内部发生短路现象。内短路的发生往往伴随着大电流的产生,从而引起电池内部温度迅速升高,诱发电池热失控。当电池

图1-1-9 电动汽车起火燃烧

组中有单体电池发生热失控时,会引起局部温度升高,从而影响到相邻的电池,造成大面积电池的热失控,最终导致安全事故,如图1-1-10所示。

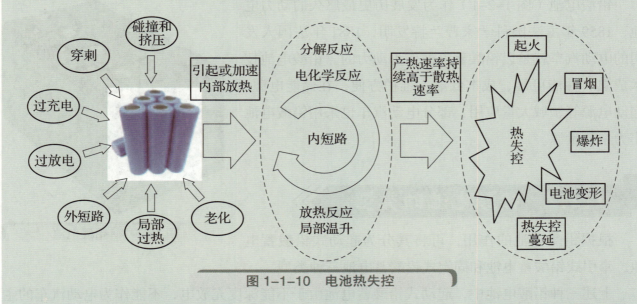

图1-1-10 电池热失控

因此,准确监测电池状态对于提高电池组的安全性至关重要。对电池故障进行预测和控制,不仅对改善电池性能、注重锂电池的安全使用和延长电池使用寿命有着重要的意义,而且对设计更加全方位的电池管理系统有着很高的研究价值和意义。合格的电池管理系统应该能够及时监测到故障的发生,并提供相应的对策,以尽量减少故障的影响。

任务2 认知铅酸动力电池

学习目标

1)能描述阀控式铅酸蓄电池的结构特点。
2)能描述铅酸蓄电池的内部结构。
3)能描述铅酸电池的应用。

1.2.1 铅酸电池概况

铅酸电池（图1-2-1）作为发展历史最悠久的动力电池，1859年由法国科学家普兰特发明，1881年法国人发明的电动汽车就是以铅酸蓄电池作为动力的。铅酸电池技术成熟、性能可靠、成本低廉、维护方便，在储能电源、起动电源等领域大量应用，部分电动汽车也采用铅酸电池作为主能量源。

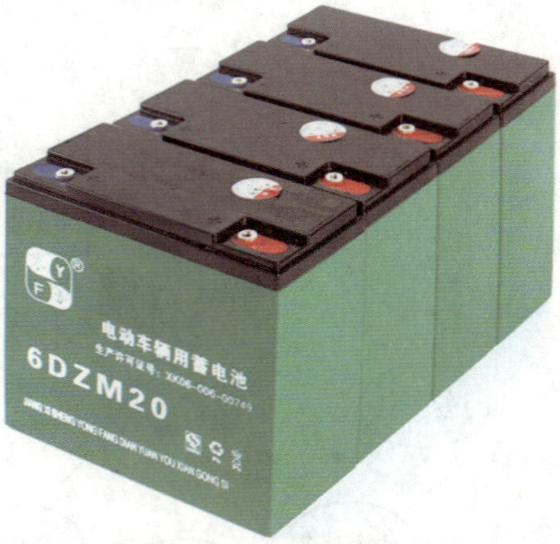

1.2.2 铅酸电池的类型

根据铅酸电池的作用，可将其分为起动式铅酸蓄电池、牵引式铅酸蓄电池和固定式铅酸蓄电池三种类型。

图1-2-1 铅酸电池

上述三种铅酸电池中，起动式铅酸蓄电池由于不能深度充放电，不能作为电动汽车的主电源，一般仅作为低压辅助电源使用（图1-2-2）；固定式铅酸蓄电池的容量虽然可以做到很大，但是比能量较低，体积和质量很大，不适合车用，一般仅用于不间断电源等位置相对固定的场合；牵引式铅酸蓄电池容量相对较大，可深度充放电，比能量较高，可用于电动汽车主动力电源。

随着铅酸蓄电池技术的不断发展，目前牵引式铅酸动力电池已有很多类型，如开口式铅酸蓄电池、阀控式密封铅酸蓄电池、胶体蓄电池、双极性密封铅酸蓄电池、水平式密封铅酸蓄电池、卷绕式圆柱形铅酸蓄电池、超级蓄电池等。

图1-2-2 起动式铅酸蓄电池用作低压辅助电源

典型的铅酸蓄电池是阀控式密封铅酸蓄电池，如图1-2-3所示。近年来，阀控式密封铅酸蓄电池被广泛用于传统汽油车和一些低速纯电动汽车上。与小型的镍镉电池或镍氢电池等密封型电池相比，阀控式密封铅酸蓄电池是一种阀门开启压力相当低的电池，在充电过程中利用负极吸收反应消耗正极上所产生的氧气并使之处于密封状态，未能吸收完的剩余氧气将通过控制阀向外界排出。负极吸收反应是指充电过程中正极所产生的氧气与负极的铅发生反应生成氧化铅，氧化铅又与电解液中的硫酸发生反应生成硫酸铅，硫酸铅通过再次充电被还原为铅的一整套循环。在整个充电过程中将持续进行这样的循环，因此能始终保持密封的状态。但是，液体式铅酸蓄电池中充足的电解液会阻碍氧气的移动，因此在阀控式密封铅酸蓄电池中采用了一种超细玻璃纤维隔板。电解液将限制该隔板所能吸收的氧气量，并使氧气平稳地向负极移动。另外，因电解液的量受到了限制，即使蓄电池发生翻倒，电解液也不会泄

漏；而且由于极板群是被栅网状的隔板牢固压紧的，它还具有因正极难以老化而延长寿命的特点。

由于免维护，铅酸蓄电池在使用中不会出现极板短路、活性物质脱落、水分损失等问题，从而提高了使用寿命。其结构特点主要有以下几点（图1-2-4）：

1）免维护蓄电池的正极栅板架一般采用铅钙合金或低锑合金制作，而负极栅板架均用铅钙合金制作，以此来减小极板短路和活性物质脱落。

图1-2-3 阀控式密封铅酸蓄电池

2）隔板的材料一般为超细玻璃微纤维，或将其正极板装在袋式隔板内。

3）采用紧装配结构的极板组。

4）单格极板组之间采取内连式接法，正、负极桩位于密封式壳体的外部。

5）壳体上部设有收集水蒸气和硫酸蒸气的集气室，待其冷却后变成液体重新流回电解槽内。

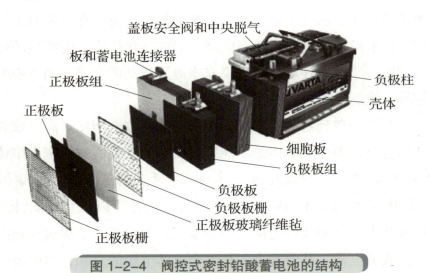

图1-2-4 阀控式密封铅酸蓄电池的结构

铅酸蓄电池作为电动汽车的动力源，虽有许多不足，但由于其技术成熟，具有可大电流放电、适用温度范围宽和无记忆效应等性能上的优点，以及原材料易于获取和价格远低于镍氢电池和锂离子电池等高能电池，目前仍然是电动汽车中非常实用的动力电池。电动车辆上应用的铅酸电池主要是阀控式密封铅酸蓄电池。

1.2.3 铅酸蓄电池内部结构

铅酸电池的基本单元由四个部分组成，分别是正电极、负电极、电解液和隔离板，如图1-2-5所示。

铅酸蓄电池内部的正电极板为格子状，表面附着一层褐色的二氧化铅，这层二氧化铅由结合氧化的铅细粒构成，在这些细粒之间能够自由地通过电解液。将正极材料磨成细粒的原因是可以增大其与电解液的接触面积，这样可以增加反应的面积，从而减小蓄电池的内阻。在负电极侧是海绵状的铅板，颜色为深灰色，电解液是浓度为27%~37%的稀硫酸水溶液。将这两个电极尽量靠近地平行放置，并保证其不接触，然后在两个电极之间加入用绝

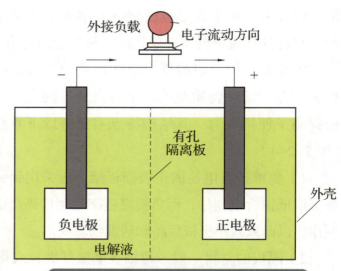

图1-2-5 铅酸蓄电池内部结构

缘材料构成的隔离板。这种隔离板上密布着细小的孔，既可以保证电解液的通过，又可以阻隔两电极板之间的接触。隔离板的种类大致分为两类：一种为合成树脂纤维，另一种为玻璃纤维。当电池两端加上负载时，在外部电路，电子流动形成电流，而在电池内部，化学能转换为电能，电以离子的形式，从一个电极到另一个电极。正电极在放电时由外界电路接收电子，形成还原反应；负电极释放电子到外界电路，形成氧化反应。电解液的作用是给正负电极之间流动的离子创造一个液体环境，或者说充当离子流动的介质。隔离板的作用是隔离正负电极，防止其接触，控制反应速度，保护电池。

在实际应用时，往往会遇到系统要求所使用蓄电池两端电压比较高，或者电池容量比较大的情况。在这些情况下，单个的单体是不能满足要求的，要通过将多个单体连接到一起来满足高电压、大容量等要求。铅酸蓄电池单体两端的额定电压为2V，将单体以不同连接方式连接，可以得到的标准电压值有4V、6V、12V等，电量可以从几毫安时到几百安时。如果电池中的单体正极与另一个的负极连接，即连接方式为串联，则称这种连接方式为串联连接电池。这种连接方式的电池，其两端电压是各个单体电压的总和，但电池电量仍然是单个单体的电量；如果电池的连接方式是每个单体的正、负电极都分别连在一起，则称此种连接方式的电池为并联连接电池。这种方式连接的电池，其两端电压仍然为单体电压，但电池的容量是每个单体的电量之和。如果将这两种方式混合应用，就可以得到满足要求的各种不同型号的蓄电池。

1.2.4 铅酸电池的应用

铅酸电池自发明100多年来，广泛应用于人类生产和生活的各个方面。作为起动、点火、照明电池，主要应用于汽车、摩托车、内燃机车和电力机车；作为工业用铅酸蓄电池，主要用于邮电、通信、发电厂和变电所开关控制设备以及计算机备用电源等，阀控式密封铅

酸蓄电池可用于应急灯、不间断电源、电信、广电、铁路、航标等；作为动力电池，主要用于电动汽车、高尔夫车、电动叉车等。

1. 电动自行车

铅酸电池，尤其是阀控式密封铅酸蓄电池以其低价、安全等优势，成为电动自行车、电动摩托和低速短途纯电动车的首选。其中，电动自行车是以蓄电池作为辅助能源，具有两个车轮，能实现人力骑行、电动或电助动功能的特种自行车。电动自行车阀控式密封铅酸蓄电池在我国应用多年，电池的制造技术和产品质量都有了巨大的提高。

2015年，我国电动自行车的销量超过3000万辆，其中铅酸电池的占比逾九成。根据国家规定，电动自行车必须具有脚踏骑行功能，且最高车速不大于20km/h，整车质量不大于40kg。电动自行车一般配置3~5只12V/（10A·h）的阀控式密封铅酸蓄电池，平均寿命1年左右，如图1-2-6所示。

2. 电动牵引车

电动牵引车是制造工厂、物流中心等搬运产品时的常用运输工具，主要采用富液管式铅酸蓄电池或胶体阀控式密封铅酸蓄电池作为动力电源，具有无污染、无噪声的优点，尤其是在需要举升重物时，铅酸动力电池还可以起到配重作用。图1-2-7所示为采用胶体铅酸蓄电池的电动牵引车。

图1-2-6 电动自行车

图1-2-7 采用胶体铅酸蓄电池的电动牵引车

3. 低速电动车与电动乘用车

总部设在美国的先进铅酸电池联合会一直致力于铅酸蓄电池在纯电动汽车和混合动力电动汽车上的应用研究，并取得了突破性进展。采用铅酸蓄电池作为电源的纯电动乘用车的典型代表是风靡一时的美国通用汽车公司的纯电动汽车EV-1。在中国中小城市和农村地区，以阀控式密封铅酸电池为动力电源的低速纯电动汽车，凭借其购车成本和使用成本低、环保低噪、驾驶技术要求低、安全等优点受到人们的欢迎。在山东、广东、河南等省份，有许多低速纯电动车企业受益于这种需求快速发展起来。例如，山东某品牌电动汽车采用铅酸电池作为动力电源，其电池容量为260A·h，额定电压为60V，由10块电池串联组成。该品牌电动汽车因价格低廉、安全可靠，在一些地区获得用户的广泛认可，如图1-2-8所示。

4. 电动大客车及其他应用

铅酸电池作为能量来源在大巴车上也有一定的应用。例如株洲时代集团公司研发的TEG6120EV-2型电动大客车采用水平铅酸电池作为动力电源，其工作电压为384V。该车最高时速为70km，实际工况续航里程达90km，车内有38个座位，可承载64名乘客。

铅酸电池在其他领域中的应用有备用电源（如不间断电源、电子不停车收费系统）、通信设备（如基站、用户交换机）、紧急设备［如应急灯（图1-2-9）、防火闸］、机械工具（如剪草机、无绳电钻）等。

图1-2-8 低速纯电动汽车

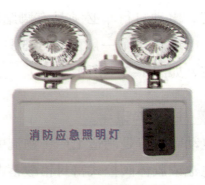

图1-2-9 应急灯

1.2.5 铅酸电池的回收

铅酸电池中的硫酸以及铅、镍等重金属会对环境产生污染，这成为限制铅酸电池发展和应用的一个重要因素。例如，铅主要作用于神经系统、造血系统、消化系统和肝、肾等器官，能抑制血红蛋白的合成代谢，还能直接作用于成熟红细胞。铅对婴幼儿毒害很大，会导致儿童身体发育迟缓。

随着社会各界对环境保护的重视，铅酸电池回收问题显得越来越重要，目前已经形成了完善的工艺，常用的有火法冶金、湿法冶炼、固相电解还原等方法。现在铅酸电池处理中的核心问题是回收网络问题，需要建立从用户到回收厂的物流体系，使散落在用户中的废旧铅酸电池回流到回收厂，如图1-2-10所示。

例如，美国EastPenn公司建立了年处理8万t废旧电池的庞大体系，每天可以处理将近20个集装箱内装载的废旧电池，使之变成合金铅锭、塑料粒子和纯净硫酸溶液，全部可以回用到电池中去。该公司得到了政府的大力支持，以保证回收网络的运转。我国

图1-2-10 回收的铅酸电池

也有多家铅酸电池回收企业，如坐落于江苏邳州的我国最大的废蓄电池综合利用企业，其自行研制成功的机械化废电池破碎分选和无污染再生铅新技术拥有独立的自主知识产权。另外，它还是我国铅冶炼行业以技术优势率先在国外成功办厂的企业。

拓展知识

1. 铅酸蓄电池的发展

铅酸蓄电池自1859年发明以来，其使用和发展已有100多年的历史，广泛用作内燃机汽车的起动动力源。电动汽车用铅酸蓄电池主要用于给电动汽车提供动力，它的主要发展方向是提高比能量，增大循环使用寿命。

铅酸蓄电池是目前最成熟的电动汽车蓄电池。1881年，世界上第一辆电动三轮车使用的就是铅酸蓄电池。由于技术成熟、可靠性好、原材料易得、价格便宜，比功率也基本上能满足电动汽车的动力性要求，铅酸蓄电池在电动汽车中广泛应用。

作为电动汽车动力源的铅酸蓄电池在比能量、深放电循环寿命、快速充电等方面不能很好地满足电动汽车的要求。为了解决电动汽车用铅酸蓄电池这三大技术难题，国际铅锌组织于1992年联合62家世界著名铅酸蓄电池厂家成立了先进铅酸蓄电池研制联盟，共同研制电动汽车用铅酸蓄电池。先进铅酸蓄电池研制联盟开发的铅酸蓄电池的各项性能均取得了明显的提高。

美国电源公司发明了水平铅布电池，其特点是正负极板和隔板采用卧式层叠组合；导电板栅上用玻璃纤维外挤压纯铅而成铅丝，用此铅丝编织成铅布；正膏、负膏分别涂在一块铅布的两端，中间留一段未涂膏的铅布，用包封机将双极板用超细玻璃纤维布包起来做成密封电池。水平铅布电池结构上的变化和新型复合材料的应用，大大提高了电池的比能量、比功率和循环寿命。

铅酸蓄电池作为纯电动汽车动力源，在比能量、深放电循环寿命、快速充电等方面均比镍氢电池、锂离子电池差，不适用于电动轿车。但由于其价格低廉，国内外将它的应用定位在速度不高、路线固定、充电站设立容易规划的车辆上。

2. 影响铅酸蓄电池寿命的因素

（1）放电深度

放电深度即使用过程中放电到什么程度开始停止，100%深度指放出全部容量。铅酸蓄电池寿命受放电深度影响很大，设计考虑的重点就是深循环使用、浅循环使用还是浮充使用，若把浅循环使用的电池用于深循环使用，则铅酸蓄电池会很快失效。

正极活性物质二氧化铅本身互相结合不牢，放电时生成硫酸铅，充电时又恢复为二氧化铅，硫酸铅的摩尔体积比氧化铅大，放电时活性物质体积膨胀。若1mol氧化铅转化为1mol硫酸铅，体积增加95%。这样反复收缩和膨胀，会使二氧化铅粒子之间的相互结合逐渐松弛，易于脱落。若1mol二氧化铅的活性物质只有20%放电，则收缩、膨胀的程度就大大降低，结合力破坏变缓慢。因此，放电深度越深，其循环寿命越短。

（2）过充电程度

过充电时有大量气体析出，这时正极板活性物质遭受气体的冲击，这种冲击会促进活性物质脱落。此外，正极板栅合金也遭受严重的阳极氧化而腐蚀，所以电池过充电会使应用期限缩短。

（3）温度的影响

铅酸蓄电池寿命随温度升高而延长。在10℃~35℃，每升高1℃，增加5~6个循环；在35℃~45℃，每升高1℃，可延长寿命25个循环以上；高于50℃，则因负极硫化容量损失而降低了寿命。

电池寿命在一定温度范围内随温度升高而增加，是因为容量随温度升高而增加。如果放电容量不变，则在温度升高时，其放电深度降低，循环寿命延长。

（4）硫酸浓度的影响

硫酸密度的增加，虽对正极板容量有利，但电池的自放电增加，板栅的腐蚀加速，也促使二氧化铅的松散脱落。随着蓄电池中使用硫酸密度的增加，循环寿命下降。

（5）放电电流密度的影响

随着放电电流密度的增加，电池的寿命降低。这是因为在大电流密度和高酸浓度条件下，正极二氧化铅松散脱落。

任务3　认知镍氢动力电池

学习目标

1）能描述镍镉电池的特性。

2）能描述镍镉电池存在的问题。

3）能描述镍氢电池的特性。

4）能描述混合动力汽车镍氢电池的结构。

1.3.1 碱性蓄电池概况

碱性蓄电池是以氢氧化钾（KOH）等碱性水溶液为电解液的二次电池的总称。根据极板活性物质的材料不同，可分为锌银蓄电池、铁镍蓄电池、镍镉蓄电池等系列。一般情况下，电解液中的KOH不直接参与电极反应，这是碱性蓄电池有别于铅酸蓄电池的一大特点。相对于铅酸蓄电池，碱性蓄电池具有能量密度高、机械强度高、工作电压平稳、功率密度大、使用寿命长的特点。镍镉电池和镍氢电池是碱性电池的代表类型，其中镍氢电池在电动汽车动力电池中有应用。

1.3.2 镍镉电池的特性

镍镉电池（图1-3-1）因其碱性氢氧化物中含有金属镍和镉而得名。其标称电压为12V，具有使用寿命长（可充放电循环1000次以上）、机械强度高、密封性能好、使用温度范围大、维护保养方便、能耐受大电流的瞬时冲击等优点。

图1-3-1 镍镉电池

1）充放电性能。镍镉电池的标准电动势是1.299V，额定电压是1.2V，平均工作电压为1.20~1.25V。刚充完电的电池开路电压较高，可以达到1.4V以上，放置一段时间后，正极不稳定的NiO_2发生分解，开路电压会降到1.35V左右。镍镉电池的放电曲线比较平稳，只是在放电终止时电压突然下降，一般以0.2C放电时，电压稳定在1.2V左右。

2）倍率持续放电特性。动力镍镉电池允许大电流放电而不会损坏，允许放电倍率在10C以上，但是大电流放电时，电压下降很快，电池可放出的能量下降。

3）高低温放电性能。温度升高时，镍镉电池的容量会增加，但温度超过50℃时，正极的析氧过电势降低，正极充电不完全；同时，镉的溶解会随着温度上升而增大，迁移到隔膜中，容易形成镉枝晶，导致电池内部微短路；另外，高温还会加速镍基板腐蚀和隔膜氧化，导致电池失效。

4）耐过充电和过放电性能。镍镉电池具有很好的耐过充电和过放电能力。1C恒电流持续充电2h，或强迫过放电不超过2h，电池不会损坏。铅酸电池及锂离子电池在这种情况下将发生永久性损坏。

1.3.3 镍镉电池存在的问题

1）记忆效应。镍镉电池长期不彻底充电、放电，易在电池内留下痕迹，降低电池容量，这种现象称为电池记忆效应。比如，镍镉电池长期只放出80%的电量后就开始充电，一段时间后，电池充满电后也只能放出80%的电量。记忆效应的产生和镍镉电池的烧结制作工艺有关，电池在完全放电之前就重新充电会形成次级放电平台，该平台在下次循环中将作为放电的终点。每次使用中任何不完全的放电都将加深这一效应，使电池的容量变得更低。

2）环境污染。镉是镍镉电池的必备原材料，但大量研究表明，人体内镉的半衰期长达730年，可蓄积50年之久，摄入或吸入过量的镉可引起肾、肺、肝、骨、生殖系统等的毒害效应及癌症。1993年，国际抗癌联盟就将镉定为一级致癌物。一般人在低剂量镉环境中暴露即可导致肾功能损伤、骨密度降低、钙排泄增加及生殖毒性。镉及其化合物是不可降解的环境污染物，可通过废水、废气、废渣大量流入环境，产生环境污染及健康危害。基于环境保护的原因，许多发达国家已禁止使用镍镉电池。

1.3.4 镍氢电池的特性

镍氢电池（图1-3-2）是在镍镉电池的基础上发展起来的，相对于镍镉电池，其最大的优点是环境友好，不存在重金属污染。民用镍氢电池又是以航天用高压氢镍电池为基础，由于高压镍氢电池采用高压氢，而且需要贵金属作为催化剂，很难为民用所接受。20世纪70年代中期，研究者开始探索民用低压镍氢电池。镍氢电池于1988年进入实用化阶段，1990年在日本开始规模生产。目前，以储氢合金为负极材料的镍氢电池能满足混合动力电动汽车所要求的高能量、高功率、长寿命和足够宽的工作温度范围要求，这使其成为动力电动汽车电池市场的主流产品，同时该类电池也已经广泛地应用在电动工具、电动自行车等日常生活用品上。

图1-3-2 镍氢电池

同镍镉电池相比，镍氢电池具有以下特点。

1）能量密度高，同尺寸电池，容量是镍镉电池的1.5~2倍。
2）环境相容性好，无镉污染。
3）可大电流快速充放电，充放电倍率高。
4）无明显记忆效应。
5）低温性能好，耐过充放电能力强。

6）工作电压与镍镉电池相同，为1.2V。

镍氢电池作为镍镉电池的换代产品，电池的物理参数，如尺寸、质量和外观完全可以与镍镉电池互换，电池性能也基本一致，充放电曲线相似，放电曲线非常平滑，电快要消耗完时，电压才会突然下降，故使用时可完全代替镍镉电池，而不需要对设备进行任何改造。镍氢电池的缺点是自放电与寿命不如镍镉电池，但也能达到500次循环和国际电工委员会的推荐标准。

1.3.5 混合动力汽车镍氢电池结构

搭载在混合动力汽车上的镍氢电池是将84~240个容量为6~6.5A·h的单体电池以串联方式连接后使用的。迄今为止，已开发出了圆形和方形的混合动力汽车用镍氢电池，如图1-3-3所示，近年来其输出功率密度正在逐年上升。

图1-3-3 混合动力汽车镍氢电池

尽管混合动力汽车用镍氢电池的电能量（容量）还不到电动汽车用镍氢电池的1/10，但是要求其具有与电动汽车相同的输出功率和再生恢复性能。因此，正在通过多种技术领域致力于对单体电池或电池模块（由多个单体电池以串联方式连接而成的电池组）的研究开发工作。混合动力汽车用镍氢电池的输出功率密度变化如图1-3-4所示。

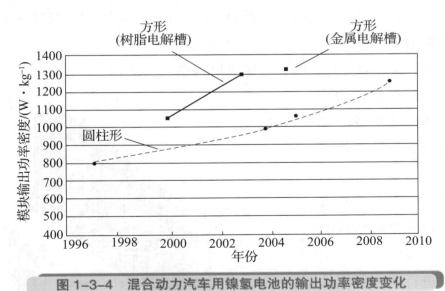

图1-3-4 混合动力汽车用镍氢电池的输出功率密度变化

图1-3-5表示的是混合动力汽车用圆柱形镍氢电池单体电池和模块的结构。这种电池的结构是将以隔板作为间隔层的镍正极板和储氢合金负极板卷成涡旋形后插入用金属制成的外壳内，正极和负极分别采用烧结式（或非烧结式）的镍正极和膏状的储氢合金负极。封口

的固定方法是把以绝缘热圈作为间隔且具有再恢复功能的安全阀的封口板预先固定在电解槽的外壳上。为了在即使有大电流流过的瞬间也能阻止电池电压的下降或发热，正极和负极的集电体采用了尽可能降低连接电阻值的设计方法。由于单体电池连接成的模块将搭载在车辆上，模块必须具有承受剧烈振动的能力，且必须以很低的连接电阻来承担单体电池之间的电气连接。另外，能牢固支承模块的结构体也很重要。

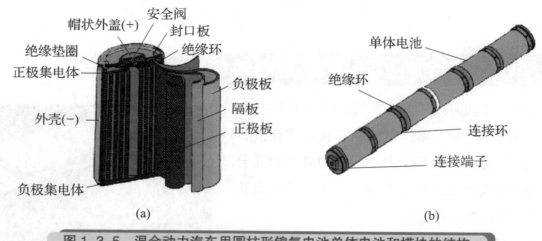

图 1-3-5　混合动力汽车用圆柱形镍氢电池单体电池和模块的结构
（a）电池；（b）模块

采用碟形的连接环对单体电池之间进行电气连接，能够以最短距离和最大宽度完成连接，从而使单体电池之间采用低电阻接线的设想成为可能。另外，经过精心研制，这种连接环不仅具有电气连接的功能，而且其结构体以强度和柔软性兼备的特点发挥出了重要的支承作用。为了防止在单体电池之间发生短路，专门嵌入了用树脂制作的绝缘环，从而保证了模块强度的强化和安全性。位于模块两端且能够被螺钉固定在模块之间的连接母线上的端子是通过焊接方式被固定的。

图 1-3-6 是用于混合动力汽车的方形镍氢电池模块的结构。该模块是一种具有 6 个电极群结构的电池，其电极群的结构是在由 6 个单体电池组成的整体式树脂型电解槽内，分别将多块镍正极板和储氢合金负极板以隔板作为间隔层互相重叠。封口采用的是一种可再恢复安全阀的树脂型外盖下端部与电解槽上端部之间采用热焊进行密封焊接的结构。通过将设置在模块电解槽表面的凸筋相互对接，便能在模块之间形成间隙，这样就可以使

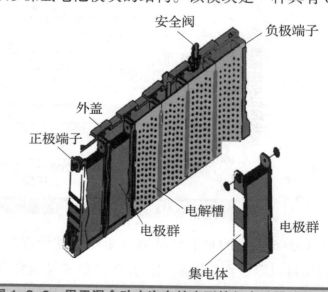

图 1-3-6　用于混合动力汽车的方形镍氢电池模块的结构

冷却气流从该间隙中穿过，从而获得更为均匀的冷却效果。对于这种方形的电池模块，以串联方式连接 20~40 个模块时，它比圆柱形模块更节省空间且减轻了质量，因此具有良好的搭载性。

1.3.6 混合动力汽车用镍氢电池的特性

将电池封装体搭载在车辆上，不但要求它具有良好的耐振动特性和耐冲击性，而且在结构上应该保持其能把因大电流充放电产生的电池热量迅速散发而使其冷却。此外，由于电池的特性随温度不同会有较大的变化，最好能够尽量减小封装体内电池温度的分散度。

1. 镍氢电池的输出功率特性

图 1-3-7 和图 1-3-8 所示为正在量产的方形电池模块的输出功率特性。当荷电状态达到 60% 左右时，其输出功率密度在 10S 输出以下具有优良的特性，而且在宽阔的荷电状态区域内几乎能获得相同的输出功率。

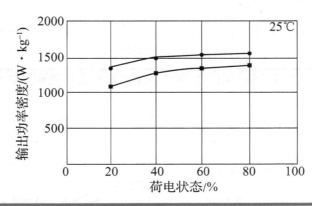

图 1-3-7 镍氢电池充电状态与输出功率密度的关系

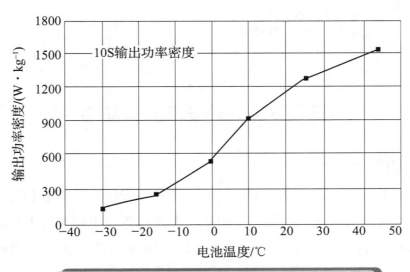

图 1-3-8 镍氢电池输出功率密度与温度的关系

2. 镍氢电池的充电恢复特性

混合动力汽车电池的使用方法与一般电池的使用方法存在很大差异，即混合动力汽车用电池不进行完全充电和完全放电。车辆行驶时已被输出的电能始终以再生电能再度回收，以形成电能再收支的平衡。因此，对混合动力用镍氢电池的充电恢复能力具有很高的期望。从已投入量产的镍氢电池来看，再生恢复特性大致可以达到与输出功率密度相等的数值。此外，它在高温下的脉冲充电恢复能力也很高，能确保90%以上的效率。利用再生制动能够对车辆在减速时的能量进行高效回收，如图1-3-9和图1-3-10所示。

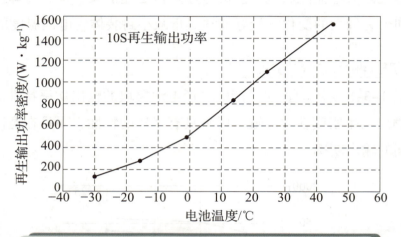

图1-3-9 镍氢电池的再生输出功率密度与温度的关系

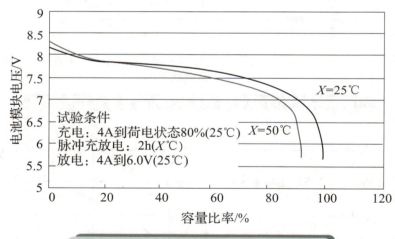

图1-3-10 镍氢电池充放电效率曲线

3. 镍氢电池的寿命特性

对于混合动力汽车用电池，需要采用控制方式使它不进行完全充电和完全放电，并维持在一个电能可以随时进出的状态。根据这样的使用方式在各种不同条件下对电池的寿命特性进行计算，结果同样表明其完全能够使混合动力汽车电池大致达到与车辆相同的寿命，如图1-3-11所示。

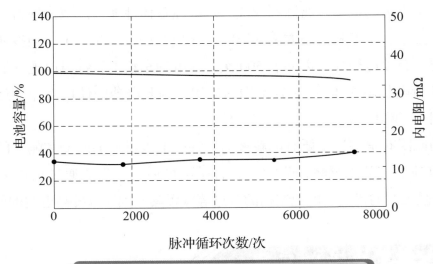

图 1-3-11 混合动力汽车的寿命特性曲线

4. 镍氢电池的温度特性

由于电池中电极材料的活性和电解液的电迁移率都与温度密切相关，环境温度对镍氢电池性能的影响非常关键。

镍氢电池在高温环境下，由于温度高有利于合金中氢原子的扩散，提高了合金的动力学性能，且电解液中 KOH 的电导率也随温度升高而增加，电池放电容量明显比低温时放电容量大。但温度过高（一般超过 45℃）时，虽然电解质电导率增大，电流迁移能力增强，迁移内阻减小，但电解液溶剂水分蒸发快，增加了电解液的欧姆内阻，两者相互抵消，放电容量将不再增加。

镍氢电池的正常储存温度是 -20℃~+45℃，最佳储存温度为 10℃~25℃。一般情况下，当温度降到低于 -20℃时，电池中的电解液会凝固，电池内阻会变得无穷大，电池内部可能发生不可逆的变化，导致电池无法激活到正常状态，甚至无法使用。当温度超过 45℃时，电池自放电速率大大加快，电解液会发生副反应而产生大量气体，电极片中的辅助材料可能变质失效，从而导致整个电池逐渐老化和容量衰减，甚至短期内失效。

5. 镍氢电池的储存特性和循环寿命

镍氢电池在储存过程中容量下降主要是由电极自放电引起的，自放电率高对电池储存非常不利，所以一般镍氢电池都遵从即用即充原则，不宜较长时间放置。电池储存条件为：存放区保持清洁、凉爽、通风；温度为 10℃~25℃，一般不超过 30℃；相对湿度不大于 65%。除了合适的储存温度和湿度条件外，还必须注意以下两点。

1）长期放置的电池应该采用荷电状态储存，一般可以预充 50%~100% 的电量。

2）在储存过程中，要保证至少每 3 个月对电池充电一次，以恢复到饱和容量。这是因为放完电的电池储存过程，一方面会继续自放电造成过放电，另一方面电池内正负极、隔膜和辅助材料会发生严重的电解液腐蚀和漏液,对电池整体性能造成致命损害。镍氢电池的循环寿命受充放电湿度、温度和使用方法的影响。在现在的技术状态下,当按照国际电工委员会标准充放电时,充放电循环可以超过500次。在电动车辆上,镍氢电池一般采用浅充浅放的应用机制,即荷电状态在40%~80%范围内应用,因此电池的使用寿命已经可以达到5年以上,甚至达到10年以上。

电池失效的原因有很多,主要有电解液的损耗、电极材料的改变和隔膜的变化。上述反应和损失随着电池的充放电循环而发生,并且是不可逆的。只能通过正负极材料的掺杂改性、电解液与隔膜工艺的优化、电池结构的改进等减缓其发生,以提高电池的循环使用寿命。

1.3.7 镍氢电池的应用

1. 混合动力汽车

由于镍镉电池中镉元素对环境的污染问题和对人体的伤害,镍氢电池逐步成为碱性动力电池应用的主体。镍氢电池满足混合动力电动汽车高功率密度的要求,该类电池目前在混合动力电动汽车,尤其在日系车型中应用广泛,如丰田凯美瑞、普锐斯、雷克萨斯CT200、本田思域等混合动力汽车。福特公司推出的Escape混合动力汽车也采用了额定电压在300V左右的镍氢电池组。丰田普锐斯混合动力汽车采用镍氢电池作为动力电源。普锐斯的高压蓄电池采用的就是288V、6.5A·h的镍氢动力电池。该电池组可以通过发电机实现充放电,且输出功率大、质量小、寿命长、耐久性好。图1-3-12所示为镍氢动力电池组。

新途锐混合动力车采用镍氢电池作为动力电源。新途锐混合动力车型是大众汽车旗下第一款采用电驱动技术的车型。途锐混合动力车通过结合电力驱动、车辆滑行、能量回收和起动-停车系统四个方面的技术,使重达2.3t的SUV在城市路况的燃油效率较同级别车型提高了25%;在城市、高速公路和乡间的综合路况,平均油耗则降低了17%。

图1-3-12 镍氢动力电池组

电力驱动:在这种模式下,发动机关闭,车辆完全以电力驱动前行(最高时速50km),实现了零排放,并且不消耗燃油。

车辆滑行:驾驶者完全放开加速踏板,在离合装置的控制下,V6TSI发动机与变速器完全脱离,避免了不必要的摩擦损耗,以最小的能量使车辆滑行距离更长。

能量回收:在制动或减速过程中,电动机转换为发电机,将多余能量回收,储存于高压蓄电池中。

起动-停车：车辆制动停止，发动机自动关闭；再次踩踏加速踏板，车辆起动前行。在拥堵的城市路况，节油效果明显。

2. 电动公交车

国内已有一些企业开展镍氢电池在电动汽车应用上的研发。中国一汽、东风汽车公司在大连、武汉等地示范营运的混合动力公交客车均采用了镍氢动力电池系统。镍氢电池组功率密度可达1000W/h以上，能量密度可达55W·h/kg以上。

2016年8月，电容型镍氢动力电池取得研发突破，在山东省获得应用，我国三北地区（东北、西北、华北）冬季严寒时节纯电动公交车运行难的现状有望改观。百辆配载电容型镍氢动力电池的纯电动公交车在淄博市上线并安全运行千万千米，如图1-3-13所示。电容型镍氢动力电池纯电动公交车产业化的实施，将促进我国镍氢电池产业和稀土储氢合金材料产业的发展。

图1-3-13　电动公交车

该类型电动公交车使用的电容型镍氢动力电池兼具镍氢电池能量密度高、超级电容器功率密度大的优点，并且两者协同效应好。2011年10月，该产品通过国家"863"动力电池测试中心检测。实验室数据显示，对200A·h电容型镍氢动力电池进行循环检测，检测3000次以上，其电池容量仅衰减2%；对200A·h电容型镍氢动力电池采用330A充电10min，80A放电40min，模拟公交车行驶里程131.6万km，其电池容量仅衰减8%。另据实车运行数据，第一辆装配200A·h电容型镍氢动力电池的12m纯电动公交车，行驶20.89万km，其电池容量衰减小于5%，电容型镍氢动力电池一致性保持在50mV以内。

3. 电动工具

长期以来，镍氢电池在高功率和大电流性能方面一直不如镍镉电池，因此，小型电动工具市场长期以来被镍镉电池垄断。随着镍氢电池技术的进步以及社会对环境的问题日趋重视，2003年，欧洲不再允许使用镍镉电池，从而给镍氢电池的发展提供了一个良好的机会。目前，高功率镍氢电池已进军电动工具市场并逐步替代镍镉电池，成为该市场的主流电池之一，如图1-3-14所示。

图1-3-14　电动工具

拓展知识

1. 镍氢电池的发展历史

作为绿色高能二次电池之一的镍金属氢化物二次电池，一般简称为镍氢电池，是一种高能绿色环保电池。该电池以储氢合金材料替代金属镉，消除了对环境的污染，同时具有高能量密度、大功率、高倍率放电、快速充电能力、无明显记忆效应等特点，是20多年来二次电池重点发展的方向之一。

镍氢电池是一种绿色环保电池，储氢合金材料的技术进步大大推动了镍氢电池的发展，而且淘汰镍镉电池的步伐也已加快，镍氢电池发展的黄金时代已经到来。

镍氢电池的技术发展大致经历了三个阶段。第一阶段即20世纪60年代末至70年代末，为可行性研究阶段。第二阶段即20世纪70年代末至80年代末，为实用性研究阶段。从1984年开始，荷兰、日本、美国都致力于研究开发储氢合金电极。1989年，日本松下、东芝、三洋等电池公司先后开发成功镍氢电池。第三阶段即20世纪90年代初至今，为产业化阶段。我国于20世纪80年代末研制成功电池用储氢合金，1990年研制成功AA型镍氢电池，截至2005年年底，全国已有100多家企业能批量生产各种型号规格的镍氢电池，国产镍氢电池的综合性能已经达到国际先进水平。

在国家"863"计划的推动下，镍氢电池是"十五"计划我国电池行业重点之一，镍氢电池作为动力在电动汽车和电动工具方面应用的研究已经取得了一定的成就，成功地用于电动工具、电动自行车和电动汽车的动力电池，日本丰田公司的混合动力电动汽车使用的就是镍氢电池。

2. 镍氢电池使用时的注意事项

1）使用过程忌过充电。在循环寿命之内，使用过程切忌过充电，这是因为过充电容易使正、负极发生膨胀，造成活性物脱落和隔膜损坏，导电网络破坏和电池欧姆极化变大等问题。

2）防止电解液变质。在镍氢电池循环寿命期，应抑制电池析氢。

3）镍氢电池的存放。保存镍氢电池应在充足电后，如果在电池中没有储存电能的情况下长期保存电池，将使电池负极储氢合金的功能减弱，并导致电池寿命缩短。

任务4　认知磷酸铁锂电池

学习目标

1）能描述磷酸铁锂电池的结构。
2）能描述磷酸铁锂电池的工作原理。
3）能描述磷酸铁锂电池的优势。
4）能描述磷酸铁锂电池的主要性能及其影响因素。

1.4.1 磷酸铁锂电池概述

磷酸铁锂电池（图1-4-1）是一种使用磷酸铁锂作为正极材料，碳作为负极材料的锂离子电池，单体额定电压为3.2V，充电截止电压为3.6~3.65V。

锂离子电池的正极材料主要有钴酸锂、锰酸锂、镍酸锂、三元材料、磷酸铁锂（图1-4-2）等。

图1-4-1　磷酸铁锂电池

图1-4-2　磷酸铁锂粉末

1.4.2 磷酸铁锂电池的结构

锂离子电池一般由正极、负极、电解液、隔膜等构成，如图1-4-3所示正极是含金属锂的化合物，一般为锂铁磷酸盐（如磷酸铁锂、磷酸钴锂等）；负极是石墨或炭（一般多用石墨）。电解液是一种有机溶剂，大部分由六氟磷酸锂加上有机溶剂配成。隔膜是一种特殊的复合膜，它的功能是隔离正负极，阻止电子穿过，同时能够允许锂离子通过，从而完成在电化学充放电过程中锂离子在正负极之间的快速传输。目前，主要用聚乙烯或聚丙烯做孔膜。

1.4.3 磷酸铁锂电池的工作原理

如图 1-4-4 所示，在对电池进行充电时，正极上分解生成锂离子，锂离子通过电解质进入电池负极，嵌入负极碳层的微孔中。在电池的使用过程中（相当于放电），嵌在负极微孔中的锂离子又运动回正极。回到正极的锂离子越多，放电容量就越高，我们平时所指的电池容量就是放电容量。这样，在电池充放电过程中，锂离子不断地在正负极之间"奔跑"。

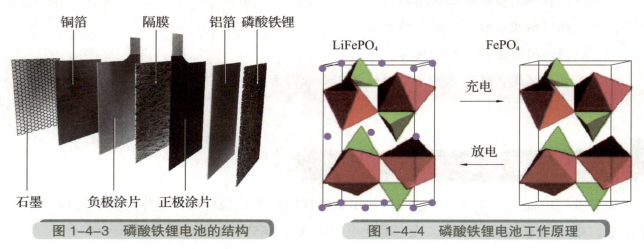

图 1-4-3　磷酸铁锂电池的结构　　　　图 1-4-4　磷酸铁锂电池工作原理

1.4.4 磷酸铁锂电池的优势

（1）安全性

磷酸铁锂晶体中的 P—O 键稳固，难以分解，即便在高温或过充电时也不会像钴酸锂一样结构崩塌发热或是形成强氧化性物质，因此拥有良好的安全性。有报告指出，实际针刺或短路试验（图 1-4-5）中发现有小部分样品出现燃烧现象，但未出现一例爆炸事件，而过充电试验中使用大大超出自身放电电压数倍的高电压充电，依然发现有爆炸现象。虽然如此，其过充电安全性较之普通液态电解液钴酸锂电池也大有改善。

（2）寿命长

长寿命铅酸电池的循环寿命在 300 次左右，最高也就 500 次，而磷酸铁锂动力电池循环寿命达 2000 次以上，标准充电（5 小时率）使用，可达 2000 次。同质量的铅酸电池是"新半年、旧半年、维护维护

图 1-4-5　磷酸铁锂电池针刺试验

又半年",最多也就1~1.5年时间,而磷酸铁锂电池在同样条件下使用,理论寿命达7~8年。综合考虑,磷酸铁锂电池性能价格比理论上为铅酸电池的4倍以上。磷酸铁锂电池可2C大电流快速充放电,在专用充电器下,1.5C充电40min即可使电池充满,起动电流可达2C,而铅酸电池无此性能。各种电池性能对比如表1-4-1所示。

表1-4-1 各种电池性能对比

电池	磷酸铁锂	钴酸锂	锰酸锂	镍氢	铅酸
平均工作电压/V	3.3	3.6	3.7	1.2	2.0
使用中电压化	维持平稳	持续下降	持续下降	持续下降	持续下降
安全性	碰撞或破裂后只会冒烟,不燃烧、不爆炸	碰撞或破裂后有可能燃烧或爆炸	碰撞或破裂后有可能燃烧或爆炸	碰撞或破裂后不燃烧、不爆炸	碰撞或破裂后可能喷射出酸液
使用寿命/年	5~10	3	1~2	1~2	1~2
自放电率/%	1~1.5	5~10	5~10	30	30
最大电流放电特性	可瞬间30C	大电流放电,具有危险性	大电流放电,具有危险性	可瞬间15C	不可大电流放电
工作温度/℃	-20~+75	-20~+55	-20~+55	-20~+55	-20~+55
震动承受力	可以	有潜在危险	有潜在危险	可以	可以
可用电容量/%	99	95	95	85	50~60
环保	符合RoHs	符合RoHs	符合RoHs	符合RoHs	符合RoHs

(3) 高温性能好

磷酸铁锂电池热峰值可达350℃~500℃,而锰酸锂电池和钴酸锂电池的热峰值只在200℃左右,工作温度范围宽(-20℃~+75℃)。

(4) 大容量

磷酸铁锂电池具有比普通电池(铅酸电池等)更大的容量。

(5) 无记忆效应

可充电池经常处于充满电不放完电的条件下工作,容量会迅速低于额定容量值,这种现象称为记忆效应。例如镍氢电池、镍镉电池存在记忆性,而磷酸铁锂电池无此现象,电池无论处于什么状态,可随充随用,无须先放完电再充电。

(6) 质量小

同等规格容量的磷酸铁锂电池的体积是铅酸电池体积的2/3,质量是铅酸电池的1/3。

(7) 环保

该电池一般被认为不含任何重金属与稀有金属(镍氢电池含有稀有金属),无毒(SGS

认证通过），无污染，符合欧洲RoHs规定，为绝对的绿色环保电池证。

1.4.5 磷酸铁锂电池的缺点

1）一致性差。电池组寿命明显低于单体。从材料制备角度来说，磷酸铁锂的合成反应是一个复杂的多相反应，有固相磷酸盐、铁的氧化物、锂盐，外加碳的前驱体以及还原性气相。在这一复杂的反应过程中，很难保证反应的一致性。

2）存在安全隐患。电池制造和循环的过程中会产生单质铁，铁累积容易使电池隔膜刺穿，内部短路的风险高。

3）不耐滥用。和铅酸电池相比，正极材料导电能力差，内阻高；过充电接受能力低，起动性能远不如铅酸电池。

4）低温性能不好。低于0℃时容量下降快，在低温下循环性能极差。

5）能量密度低，正极材料振实密度小。

6）同质量体积下容量低，不适合做小单体。

7）体积大、质量大。

8）价格贵，工艺成本高，专利费贵。

1.4.6 磷酸铁锂电池的主要性能

磷酸铁锂电池的标称电压是3.2V，终止充电电压是3.6V，终止放电电压是2.0V。由于各个生产厂家采用的正、负极材料和电解质材料的质量及工艺不同，其性能会有些差异。例如同一种型号（同一种封装的标准电池），其电池的容量有较大差别（10%~20%）。

磷酸铁锂动力电池的主要性能列于表1-4-2。这里要说明的是，不同工厂生产的磷酸铁锂动力电池在各项性能参数上会有一些差别。另外，有一些电池性能未列入，如电池内阻、自放电率、充放电温度等。

表1-4-2 磷酸铁锂动力电池的主要性能

项目	性能	单位或测试条件
标称电压	3.2	V
工作电压范围	3.0~3.3	V
单位质量容量	130	$mA \cdot h \cdot g^{-1}$
单位质量能量	60~75	$W \cdot h \cdot kg^{-1}$
单位体积能量	200~240	$W \cdot h \cdot L^{-1}$
最佳充电率	0.5~1.5	C

续表

项目	性能	单位或测试条件
工作放电率	2	C
最大放电率	10	C
瞬间大电流脉冲	20	C（10S）
循环寿命	>95% 500次	1C 充电 2C 放电
大电流放电时循环寿命	>80% 300次	1C 充电 5C 放电
安全	不燃烧，不爆炸	—
零电压存储30天	无损伤	—

磷酸铁锂动力电池的容量有较大差别，可以分成三类：小型的零点几到几毫安时、中型的几十毫安时、大型的几百毫安时。不同类型电池的同类参数也有一些差异。这里再介绍一种目前应用较广的小型标准圆柱形封装的磷酸铁锂动力电池的参数性能。其外廓直径为18mm，高为650mm（型号为18650），其参数性能如表1-4-3所示。

表1-4-3 小型标准圆柱形封装的磷酸铁锂动力电池的参数性能

项目	性能
典型容量/（mA·h）	1000~1400
标称电压/V	3.2
终止充电电压/V	3.6±0.05
终止放电电压/V	2.0
内阻/mΩ	30~80
最大充电电流	1~1.5C
一般充电电流	0.2~0.5C
最大放电电流	5~10C
一般放电电流	0.5~1C
工作温度范围/℃	充电：0~45 放电：-20~+60

1.4.7 影响电池性能的主要因素

从磷酸铁锂电池的使用角度分析，影响其性能的三个主要因素分别是电池的温度、电压和电流。

（1）温度

当电池温度较高时，电池活性增加，能量能够得到有效输出，表现为电池的实际容量增大、充放电效率提高，但电池长时间处在高温环境下，正极晶格结构的稳定性逐渐变差，安全性和使用寿命会降低；当电池温度较低时，电池活性降低，能够输出的能量明显减少，表现为电池的实际容量减小、充放电效率下降，而且在低温环境下，电池内部 Li^+ 的脱嵌能力下降，尤其是嵌入能力下降明显，为了防止 Li^+ 的沉积造成安全隐患，在低温环境下必须减小电池的充放电电流。

（2）电压

充电过程中，当电池工作电压长时间高于上限电压时，电池正极的 Li^+ 过量脱出，晶格结构将遭到破坏，同时不能嵌入负极的 Li^+ 将沉积在负极周围，增加了内部短路的安全隐患；而在放电过程中，当电池工作电压长时间低于下限电压时，与电池负极材料相连的金属集流体开始分解，严重过放电时甚至会造成内部短路或漏液，因此，在使用过程中必须对电池电压进行严格监控，确保处在正常工作范围内。

（3）电流

由于电池存在一定的内阻，当电池长时间流过较大的电流时，电池温度会持续升高，如果不及时进行热管理，会严重影响电池的稳定性和使用寿命。此外，Li^+ 在正、负极的脱嵌能力有限，与之对应的是磷酸铁锂电池最大允许充放电电流，而电流过大会导致极化电压升高，电池提前达到截止电压，影响电池的可用容量。如果电池长时间处在电流过大状态，还会导致 Li^+ 的沉积，带来安全隐患，因此需要在电池使用过程中控制充放电电流在合理范围内。

1.4.8 磷酸铁锂动力电池的应用

由于具有上述特点，并且生产出各种不同容量的电池，磷酸铁锂动力电池很快得到广泛应用。其主要应用领域如下。

1）大型电动车辆：公交车、电动汽车、景点游览车及混合动力车等，如图1-4-6所示。

2）轻型电动车：电动自行车、高尔夫球车、小型平板电瓶车、铲车、清洁车、电动轮椅等。

图1-4-6 磷酸铁锂公交车

3）电动工具：电钻、电锯、割草机等。

4）遥控汽车、船、飞机等玩具。

5）太阳能及风力发电的储能设备。

6）不间断电源及应急灯、警示灯及矿灯（安全性最好），如图1-4-7所示。

7）替代照相机中3V的一次性锂电池及9V的镍镉或镍氢可充电电池（尺寸完全相同）。

8）小型医疗仪器设备及便携式仪器等。

这里举一个用磷酸铁锂动力电池替代铅酸电池的应用实例。采用36V/10A·h（360W·h）的铅酸电池，其质量为12kg，充一次电可行走约50km，充电次数约100次，使用时间约1年。若采用磷酸铁锂动力电池，采用同样的360W·h能量（12个10A·h电池串联组成），其质量约为4kg，充电一次可行走80km左右，充电次数可达1000次，使用寿命可达3~5年。虽然磷酸铁锂动力电池的价格较铅酸电池高得多，但总的经济效果还是采用磷酸铁锂动力电池更好，并且在使用上更轻便。

图1-4-7 磷酸铁锂矿灯

拓展知识

1. 磷酸铁锂电池的梯次利用

一般来说，电动车退役磷酸铁锂电池仍有接近80%的容量剩余，距离60%彻底报废容量下限仍有20%的容量，可用于比汽车电能要求更低的场合，如低速电动车、通信基站等，实现废旧电池的梯次利用。从汽车上退役下来的磷酸铁锂电池仍有较高的利用价值。动力电池的梯次利用（图1-4-8）流程如下：企业回收退役电池—拆解—检测分级—按容量分类—电池模块重组。在电池制备水平下，废旧磷酸铁锂电池的剩余能量密度可达60~90W·h/kg，再循环寿命可达400~1000次。随着电池制备水平的提高，再循环寿命还可能进一步提升，与能量为45W·h/kg、循环寿命约500次的铅酸电池相比，废旧磷酸铁锂电池仍然具有性能优势。而且废旧磷酸铁锂电池成本较低，仅为4000~10000元/t，具有很高的经济性。

图1-4-8 磷酸铁锂电池的梯次利用

2. 磷酸铁锂电池的回收特点

（1）增长迅速，报废量大

2017年、2018年，新能源专用车磷酸铁锂电池装机量分别为2.15GW·h、2.75GW·h，同比增长28%，占比提升至42%。从新能源汽车推广应用推荐车型目录来看，2019年，搭载磷酸铁锂电池的纯电动专用车已成为主流。2019年铁锂正极总产量8.9万t，同比增长52.4%。2019年新能源汽车动力电池装机量62.38GW·h，同比增长47%。如此巨大的使用量对应的是庞大的废弃量，如若不加以处理，带来的不仅仅是环境污染，更是能源浪费以及经济损失。

（2）危害显著

磷酸铁锂电池中含有的$LiPF_6$、有机碳酸酯、铜等化学物质均在国家危险废物名录中。$LiPF_6$有强烈的腐蚀性，遇水易分解产生HF；有机溶剂及其分解和水解产物会对大气、水、土壤造成严重的污染，并对生态系统产生危害；铜等重金属在环境中累积，最终通过生物链危害人类自身；磷元素一旦进入湖泊等水体，极易造成水体富营养化。由此可见，若对废弃的磷酸铁锂电池不加以回收利用，对环境及人类健康都是极大危害。

（3）回收技术不成熟

现有的资料表明，废旧磷酸铁锂电池的回收处理分为两种：一种是回收金属，另一种是再生磷酸铁锂正极材料。

1）湿法回收锂和铁。此类工艺以回收锂为主，因磷酸铁锂不含有贵金属，故对钴酸锂的回收工艺进行改造。首先将磷酸铁锂电池拆解得到正极材料，粉碎筛分得到粉料；之后将碱溶液加入粉料中，溶解铝及铝的氧化物，过滤得到含锂、铁等的滤渣；接着将滤渣用硫酸与双氧水（还原剂）的混合溶液浸出，得到浸出液；然后加碱沉淀氢氧化铁，过滤得到滤液；灼烧氢氧化铁，可得氧化铁；最后调节浸出液的pH值（5.0~8.0），过滤浸出液得滤液，加固体碳酸钠浓缩结晶得碳酸锂。

2）再生磷酸铁锂。单一回收某种元素使不含有贵重金属的磷酸铁锂回收产生的经济效益比较低。因此，主要利用固相法再生磷酸铁锂处理废旧磷酸铁锂电池，此工艺具有很高的回收效益，且资源的综合利用率高。首先将磷酸铁锂电池拆解得到正极材料，粉碎筛分得粉料；之后热处理去除残留的石墨和黏结剂，再将碱溶液加入粉料中，溶解铝及铝的氧化物；接着过滤得含锂、铁等的滤渣，分析滤渣中铁、锂、磷的摩尔比，添加铁源、锂源和磷源，将铁、锂、磷的摩尔比调整为1:1:1；最后加入碳源，球磨后在惰性气氛中煅烧得到新的磷酸铁锂正极材料。

（4）回收利用体系不完善

国家"863"计划、"973"计划和"十一五"高技术产业发展规划均将磷酸铁锂电池划分为重点支持领域，但该电池生产技术要求比较严格，导致电池价格较高，仅用于电动摩托车和少量的汽车上。因此，车用动力电池尚未出现大批量报废的情况，系统专业的车用动力电池回收利用体系亦尚未建立。现有的回收体系存在一定的问题,而且回收效率低下。

这种问题主要由以下几方面造成。

1)可回收量少。大量的废旧电池分散在民众手中,但是民众没有投放的地方,因而随着生活垃圾一起处理,从而使从个人中回收的报废电池几乎为零,绝大部分回收的是生产企业生产过程中产生的废料或者是库存旧料,回收到的大型动力电池数量更是少之又少。

2)回收系统不健全。国内专门回收电池的系统尚未建立,主要是小作坊的粗放式收集。我国是锂离子电池的生产及消费大国,但由于人口众多,电池人均保有量相对较少。长久以来,回收公司对不具有回收价值的单个锂离子电池并未进行回收。

3)准入门槛高。企业欲从事废旧电池的回收与处理,必须按照《中华人民共和国环境保护法》和《危险废物经验许可证管理办法》的规定申请危险废物经营许可证,但是能达到大规模回收资质的企业并不多,反而是那些规模小、技术低下的公司数量众多,造成电池无法集中收集的难题。

4)回收成本高。大量的磷酸铁锂材料应用于动力或储能电池正极,需求量远远大于普通小型电池,对其进行回收具有很高的社会价值,但回收成本较高,且磷酸铁锂电池中不含有贵重金属,经济价值较低。

5)回收意识薄弱。长期以来,我国对于废旧电池回收利用方面的宣传教育很少,致使公民缺乏对于废旧电池污染危害的深入认识,没有形成自觉回收的意识。

任务5 认知三元锂动力电池

学习目标

1)能描述三元锂电池的能量密度。
2)能描述三元锂电池的安全性。
3)能描述三元锂电池的温度适应性。
4)能描述三元锂电池的充放电效率。

1.5.1 三元锂电池概述

三元锂电池（图1-5-1）是指正极材料使用镍钴锰酸锂或者镍钴铝酸锂的三元正极材料的锂电池。锂离子电池的正极材料有很多种，主要有钴酸锂、锰酸锂、镍酸锂、三元材料、磷酸铁锂等。其中，磷酸铁锂作为正极材料的电池充放电循环寿命长，但其缺点是能量密度、高低温性能、充放电倍率特性均存在较大差距，且生产成本较高，磷酸铁锂电池技术和应用已经遇到发展的瓶颈；锰酸锂电池能量密度低、高温下的循环稳定性和存储性能较差，因而锰酸锂仅作为国际第一代动力锂电的正极材料；而多元材料因具有综合性能和成本的双重优势日益被行业所关注和认同，逐步超越磷酸铁锂和锰酸锂成为主流的技术路线。

图1-5-1 三元锂电池

1.5.2 磷酸铁锂电池与三元锂电池的性能对比

在当今动力电池市场，主要以磷酸铁锂电池和三元锂电池为主。二者主要的特性是能量密度与安全性的差异，能量密度关系到动力电池的续航能力，安全性也是动力锂电池重要的指标之一。下面从能量密度、安全性、温度适应性、充放电效率四个方面介绍这两种锂电池间的区别与联系。

1. 能量密度

磷酸铁锂电池的能量密度和三元锂电池相差很多，目前新能源汽车的补贴标准以电池包系统的能量密度为重要指标，政策规定电池系统能量密度超过120W·h/kg，就可以享受1.1倍的补贴，介于90W·h/kg和120W·h/kg之间，只能享受1倍补贴。

磷酸铁锂电池单体能量密度通常为90~120W·h/kg，而三元锂电池单体能量密度可达200W·h/kg左右，可见三元锂电池的能量密度优势较为明显，这也是近年国内大量上线三元锂电池产线的原因所在。另外，日韩在三元锂电池技术方向上的坚持也为市场注入了强有力的信心。磷酸铁锂电池与三元锂电池的性能对比如表1-5-1所示。

表1-5-1 磷酸铁锂电池与三元锂电池的性能对比

性能	磷酸铁锂电池	三元锂电池
总容量/(kW·h)	76.9	75
能量密度/(kW·kg^{-1})	140	171

续表

性能	磷酸铁锂电池	三元锂电池
国标续航里程 /km	550	530
充放电特性	充放电 3000 次循环 行驶里程 120 万 km	充放电 1200 次循环 行驶里程 48 万 km
重要特征	安全、稳定	高能

2. 安全性

就材料体系而言，三元锂电池正极材料的分解温度在 200℃左右，磷酸铁锂电池正极材料的分解温度在 700℃左右。实验室测试环境下短路磷酸铁锂电池单体，基本不会出现着火的情况，三元锂电池则不然（图 1-5-2），在使用三元锂电池时尤其要对热管理提出较高的要求。对于整车电池包来讲，三元锂电池安全措施更加完善与科学，通过电池管理系统有效对锂电池进行管理，电池可以工作在安全的状态下。

图 1-5-2 三元锂电池着火

3. 温度适应性

我国幅员辽阔，气候复杂，从最北端的东北三省到最南端的海南诸岛温度变化非常丰富。以北京为例，作为电动汽车的主力市场，北京夏季最高温度在 40℃左右，而冬季则基本保持在 -16℃左右，甚至更低。这样的温度区间显然适合低温性能更佳的三元锂电池。而注重耐高温性能的磷酸铁锂电池在北京的冬季会显得有些乏力。更何况，三元锂电池耐高温方面与磷酸铁锂相比，差距并不大。三元锂电池与磷酸铁锂电池的适应温度如表 1-5-2 所示。

表 1-5-2 三元锂电池与磷酸铁锂电池的适应温度

电池	温度 /℃	容量 /(A·h)	放电平台 /V	相对 25℃容量 /%
三元锂电池	55	8.581	3.668	99.36
	25	8.636	3.703	100.00
	-20	6.058	3.411	70.14
磷酸铁锂电池	55	7.870	3.271	100.20
	25	7.860	3.240	100.00
	-20	4.320	2.870	54.94

从表 1-5-2 中能够看出，以 25℃为基准常温，两类电池在 55℃高温下放电与常温 25℃下放电，放电容量几乎没有差别。但在 -20℃时，三元锂电池与磷酸铁锂电池相比有比较明显的优势。

4. 充放电效率

除了续航之外，充电也是电动汽车在实际使用中的重要环节，而三元锂电池在充电效率方面较磷酸铁锂电池有非常大的优势。三元锂电池与磷酸铁锂电池充电效率对比如表 1-5-3 所示。

表 1-5-3　三元锂电池与磷酸铁锂电池充电效率对比

电池	充电电流/(A·h)	恒流容量/(A·h)	总容量/(A·h)	恒流容量/总容量
三元锂电池	7.50	8.21	8.62	95.24%
	37.50	7.17	8.54	84.01%
	75.00	6.42	8.58	74.82%
	112.50	5.65	8.60	65.71%
	150.00	4.55	8.62	52.75%
磷酸铁锂电池	6.50	6.52	6.25	90.00%
	32.50	5.91	7.23	81.64%
	65.00	5.43	7.26	74.71%
	97.50	3.51	7.29	48.11%
	130.00	0.74	7.31	10.08%

从表 1-5-3 中可以看出，三元锂电池与磷酸铁锂电池在 10C 以下充电时，恒流比无明显差距，在 10C 以上倍率充电时，磷酸铁锂电池恒流比例迅速降低，充电效率迅速降低。

磷酸铁锂电池与三元锂电池的市场之争，目前仍是平分秋色，各有所长。在电池技术不断革新的情况下，不久的将来迎来革命性的变化也在意料之中，技术已经成熟的三元锂电池与磷酸铁锂电池，凭借各自的优势在市场中都占有一席之地。

拓展知识

1. 废旧锂电池的回收技术

研究废旧锂电池的回收技术就是为了使废旧电池中有价值的东西可以得到充分的利用，如里面的铜、镍、钴等都具有很高的价值，回收的过程当中既可以避免对这些资源的浪费，又可以把这些东西变废为宝，使其重新融入新的电池生产链当中去。现有的回收废旧锂电池的技术主要分为化学和物理两种技术。其中，化学技术包括电沉积法、生物浸取法、酸浸法等，物理技术则包括机械化学法、热处理法、溶剂法等。具体如图 1-5-3 所示。

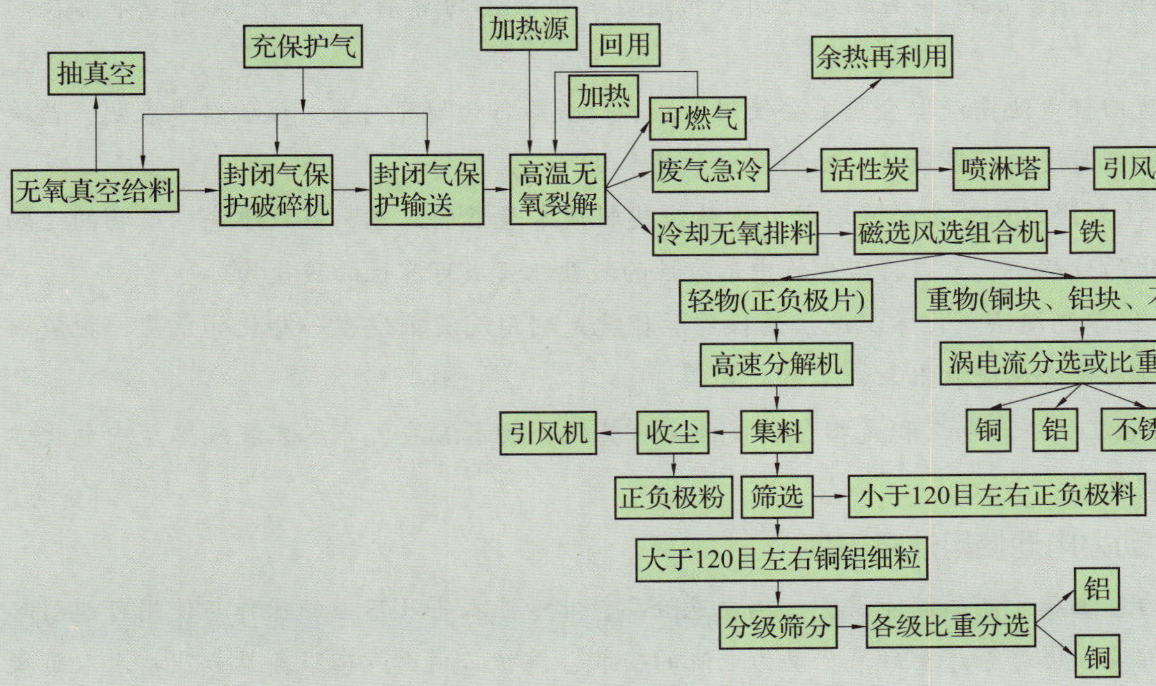

图 1-5-3 废旧锂电池的回收技术

（1）物理技术

物理技术通常指机械分离。机械分离通常是回收废旧电池的预处理过程。锂电池的外壳也属于机械处理当中需要收集的一部分。回收的方法既有金属氧化、机械分离钴和锂，又有对锂和钴的湿法冶金工艺回收。试验表明，19% 的过氧化氢和硫酸钠相结合可以快速把锂和钴浸出；通过这个机械加工的过程，从废旧锂电池当中可以拆解出 15% 的电池外壳、42% 的钴酸锂和石墨的混合物、6.1% 的聚合物以及 2.3% 的可再生混合物。

1）热处理法。热处理法通常就是高温情况下在炉中进行加温处理，热处理的温度最高可达 150℃。在如此高温下，锂电池就会分离出一些有价金属和黏结剂，再运用热酸浸取的中间环节进行处理。热处理的加热方法、时间和流程都有着明确的规定，一般不会超过 3h。热处理方法是目前机械分离中操作简单且上手容易的方法，不足之处就是加热过程中二氧化碳的排放量较高，会造成环境污染，因此在加工的过程中需要安装净化设备。

2）机械化学法。机械化学法通俗易懂，就是研磨铁镍钴等金属的一种化学反应技术。它在回收的过程中对废旧锂电池中的钴和锂进行充分磨合溶解，且在溶解过程当中使用有效的溶剂快速融合等。

3）溶剂法。溶解法是废旧锂电池回收中比较重要的方法之一。溶剂法大大降低了黏结剂对电极活性材料的黏结力。如何选择一个正确合适的溶剂点是关键。对于已有的有机溶剂，如二甲酸钠溶剂等，这些都在实践中得到了成功的应用。

（2）化学处理技术

1）酸浸法。酸浸其实就是把固状物通过一个液体的溶剂浸出一个或者多个溶质的过程。

从废旧锂电池中浸取金属主要使用盐酸、硫酸等作为研究对象。试验结果表明，盐酸作为浸取剂时浸取效果最佳，钴的浸出率大于99%。

2）生物浸取法。生物浸取是处理传统废料成本最低的工艺，且效率高。矿物的生物进行氧化的过程中，可以将微生物中不溶性的酸盐物变成可溶性的酸盐物。

3）化学沉淀法。化学沉淀法的操作原理就是利用沉淀剂发生一些化学反应，把废旧电池中的有价金属提取出来。

4）电沉积法。电沉积是指金属或合金从其化合物水溶液、非水溶液或熔盐中电化学沉积的过程。

2. 动力电池使用注意事项

动力电池属于高压储能设备，属于危险品，非专业人士及不当的操作与使用可能引起触电、燃烧、爆炸等严重后果。动力电池的安装、维护必须由汽车服务站专业技术人员操作，使用必须严格遵守相关的安全规定。严禁非专业人员安装、维修动力电池以及超范围滥用。使用过程中应注意以下几点。

（1）防潮防水

动力电池为高压储能设备，内有许多高压控制线路及单体电池，液体进入动力电池内部可能导致短路、漏电，腐蚀单体电池与电子线路及连接头，因此必须确保动力电池不会被各种液体浸泡、潮湿的空气不会进入动力电池内部。

（2）环境隔热

动力电池保持在最佳工作温度范围内工作可以大大延长电池的使用寿命，并提高电池的安全性能，因此车辆停放时应保证周边区域隔热、通风。

（3）防震防撞

动力电池内部电池串联并安装有管理系统与各种感应器件，驾驶在不平路面时应小心谨慎，防止动力电池磕碰。

任务6　认知氢燃料电池与其他类型动力电池

学习目标

1）能描述燃料电池的原理与分类。
2）能描述燃料电池的特点。
3）能描述锌空气电池的原理和分类。
4）能描述太阳能电池的原理。

1.6.1　燃料电池

　　燃料电池是一种将存在于燃料和氧化剂中的化学能直接转化为电能的发电装置，如图1-6-1所示。燃料（主要是氢气）和空气分别送进燃料电池，电就被生产出来。它从外表上看有正、负极和电解质等，像一个蓄电池，但实质上它不能"蓄电"，而是一个"发电厂"，燃料电池是继水力、火力和核能发电之后的第四类发电技术。

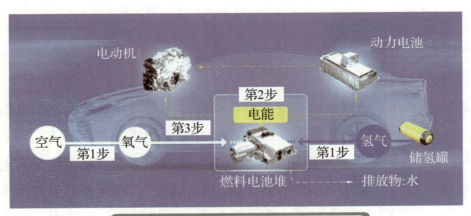

图1-6-1　燃料电池

1. 燃料电池的原理与分类

　　燃料电池的开发历史相当悠久，1839年，格罗夫通过将水的电解过程逆转发现了燃料电池的原理，如图1-6-2所示。

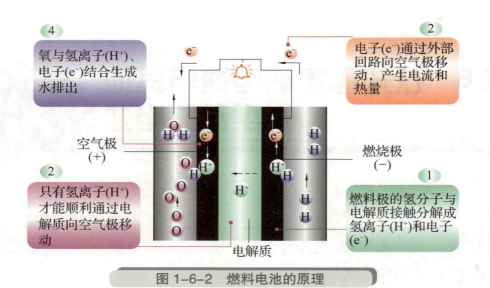

图 1-6-2 燃料电池的原理

燃料电池与普通化学电池类似，两者都是通过化学反应将化学能转换成电能。然而从实际应用角度来看，两者之间存在较大差别。普通电池是将化学能储存在电池内部的化学物质中。当电池工作时，这些有限的物质发生反应，将储存的化学能转变成电能，直至这些物质全部发生反应。因此，实际上普通的电池只是一个有限的电能输出和储存装置。但是燃料电池与常规化学能源不同，更类似于汽油或柴油发动机。它的燃料（主要是氢气）和氧化剂（纯氧气或空气）不是储存在电池内，而是储存在电池外的储罐中。当电池发电时，需连续不断地向电池内送入燃料和氧化剂，排出反应生成物——水。燃料电池本身只决定输出功率的大小，其发出的能量由储罐内燃料与氧化剂的量来决定。因此，确切地说，燃料电池是一个适合车用的、环保的氢氧发电装置。它的最大特点是反应过程不涉及燃烧，因此其能量转换效率不受卡诺循环的限制，能量转换效率可高达80%，实际使用效率则是普通内燃机的2~3倍。

2. 燃料电池的特点

燃料电池的特点如下。

1）能量转换效率高。燃料电池是通过电化学反应直接将化学能转换为电能，不受卡诺循环的限制，因此能量转换效率比热机和发电机的能量转换效率高得多，可达60%~80%，其理论效率可达90%。即使发电规模很小，也具有与大规模火力发电等同的发电效率。

2）环境友好。燃料电池几乎不排放氮和硫的氧化物，二氧化碳的排放量也比常规发电厂减少40%以上；工作时声音非常小，噪声污染小。对于氢燃料电池而言，其化学反应产物仅为水，无大气污染物排放，可实现零污染。

3）使用寿命长。通常的化学电池氧化剂和还原剂共存于一个电池体中，电池使用寿命比较短。燃料电池与常规电池的不同之处在于，它的燃料和氧化剂不是储存在电池中，而是储存在电池外部的储罐中。理论上如果不间断供给燃料，电池就能实现长时间的不间断供电，这是其他普通化学电池不能比拟的。

4）燃料多样。虽然燃料电池的工作物质主要是氢，但它可用的燃料有煤气、沼气、天然气等气体燃料，甲醇、轻油、柴油等液态燃料，甚至包括洁净煤。可以因地制宜采用不同燃料或组合，达到就地取材、节省资金的目的。

5）比能量高。液氢燃料电池的比能量是镍镉电池的800倍，直接甲醇燃料电池的比能量比锂离子电池（能量密度最高的充电电池）高10倍以上。目前，燃料电池的实际比能量尽管只有理论值的1/10左右，但仍然比一般电池的实际比能量高得多。

6）方便、灵活、可靠。燃料电池结构简单，辅助设备较少，几乎可以在任何需要用电的地方发电，不需要输电线路；灵活性大，功率可以由几瓦到兆瓦级；可靠性高，燃料电池效率与负载无关。由于整个电池是由单个电池串联的电池组再并联，维修方便。

3. 燃料电池的应用

近年来，燃料电池在研究、开发和商品化方面取得了巨大突破，给汽车工业和能源工业的变革带来了新的希望。美国能源部的报告指出，燃料电池技术将成为21世纪汽车工业竞争的焦点。发达国家都将大型燃料电池的开发作为重点研究项目，企业界也纷纷斥以巨资，从事燃料电池技术的研究与开发，现在已取得了许多重要成果。2MW、4.5MW、11MW成套燃料电池发电设备已进入商业化生产，各等级的燃料电池发电厂相继在一些发达国家建成，在21世纪，燃料电池发电有望成为继火电、水电、核电后的第四代发电技术。

在电动车辆应用方面，汽车工业发达国家，如美国、日本等均制定了燃料电池汽车发展规划，各大汽车公司纷纷投入巨资支持开发燃料电池汽车。日本丰田、德国戴姆勒-克莱斯勒公司已经在日本和美国将燃料电池汽车交付用户试用，通用汽车有超过100辆的雪佛兰Equinox氢燃料电池汽车交付给普通消费者进行日常测试。燃料电池汽车的商业化示范运行在全球范围内蓬勃开展，主要目的在于进行技术检验和提高公众认知程度，最著名的包括美国加利福尼亚燃料电池伙伴计划、欧洲八国十城市洁净交通示范项目、日本氢能燃料电池示范项目和联合国燃料电池公共汽车示范项目。氢燃料电池汽车如图1-6-3所示。

我国科技部在"十五""十一五"期间持续支持燃料电池汽车的研发和产业化，研制样车的部分技术指标达到或接近国际先进水平。2008年4月底，上海大众领驭燃料电池轿车、福田欧V燃料电池城市客车作为国内首款燃料电池轿车和客车

图1-6-3 氢燃料电池汽车

产品已进入国家产品公告，并为2008年北京奥运会提供了交通服务。2010年，上海也应用了燃料电池汽车为世博会服务，如图1-6-4所示。

图 1-6-4　燃料电池城市客车

4. 燃料电池的发展方向

从发达国家的燃料电池汽车发展现状看，全球主要汽车公司大都已经完成了燃料电池汽车的基本性能研发阶段，解决了若干关键技术问题，在整车性能、可靠性、寿命和环境适应性等各方面均已达到了和传统汽车相媲美的水平。随着这些发达国家的燃料电池汽车技术趋于成熟，提高功率密度、低温冷起动等问题已经基本解决，研究重点逐渐转移到延长燃料电池寿命、降低燃料电池系统成本以及大规模建设加氢基础设施，推广商业示范上。

1）延长燃料电池寿命。燃料电池寿命是制约燃料电池汽车商业化的重要因素。国外在客车和叉车的寿命方面取得了明显的突破，2011 年美国燃料电池混合动力公共汽车实际道路示范运行单车寿命超过 1.1 万 h，燃料电池叉车寿命达到 1.25 万 h 的水平；德国戴姆勒集团 2009 年推出的第二代轮边电机驱动的燃料电池客车，寿命达 1.2 万 h。但轿车的寿命不超过 5000h，因此，国外下一代技术的研发重点仍然聚焦在如何延长燃料电池的寿命上。

2）降低燃料电池系统成本。整个燃料电池系统的成本中，电堆占总成本的一半，持续的原材料研究与开发，是实现电堆成本控制的重要方式。除了通过燃料电池原材料的持续研究实现成本控制，简化和集成燃料电池系统的研究也是降低成本的重要途径。国外最先进的技术是实现空压机及其控制器的一体化、DC-DC 等电力电子器件的一体化；同时，简化系统零部件，去掉增湿器，消减传感器；在确保系统稳定的情况下，降低系统成本，降低系统故障率。车用燃料电池系统的另外一个重要成本因素是高压储氢气瓶及电磁阀的成本。随着燃料电池电堆成本的下降，高压气瓶及电磁阀的相对成本明显提高。

3）大规模建设加氢基础设施，推广商业示范。燃料电池汽车将主要应用于具有续航里程长特点的中高级轿车、城市客车以及专用车辆。以欧、美、日为代表的发达国家和地区的汽车厂商在长期潜心坚持燃料电池汽车研发的基础之上，进一步加强了在这一领域内的投入，并在近年来陆续小批量地推出用于租赁商业化示范的先进燃料电池轿车；在关键技术上取得重大突破的同时，示范运行也在不断深入，大力建设加氢站，进一步推动了产业化成本的降低与配套基础设施的建设，为将来大规模商业化推广燃料电池汽车奠定了基础。

1.6.2 锌空气电池

金属空气电池是指以金属为燃料，与空气中的氧气发生氧化还原反应产生电能的一种特殊燃料电池，也称金属燃料电池。其电池反应原理与氢燃料电池不同，作为汽车动力来源时驱动过程相似。目前，金属燃料电池主要有铝空气电池、镁空气电池、锌空气电池、锂空气电池等，其中，锌空气电池、铝空气电池被我国列为"863"重点科技项目，已取得一定进展并进入试用阶段。下面以锌空气电池（图1-6-5）为例解析金属空气电池。

图1-6-5 锌空气电池

1. 锌空气电池的原理和分类

锌空气电池的发明已经有上百年的历史，以容量大、能量高、工作电压平稳、使用寿命长、性能稳定、无毒无害、安全可靠、没有爆炸隐患、资源丰富、成本低廉等诸多优点而被公认为是优秀的电池之一。它被称为"面向21世纪的新型绿色能源"，具有良好的发展和应用前景。

锌空气电池的结构如图1-6-6所示，主要由空气电极、电解液和锌阳极构成。锌空气电池以空气中的氧作为正极活性物质，金属锌作为负极活性物质，多孔活性炭作为正极，使用碱性电解质。

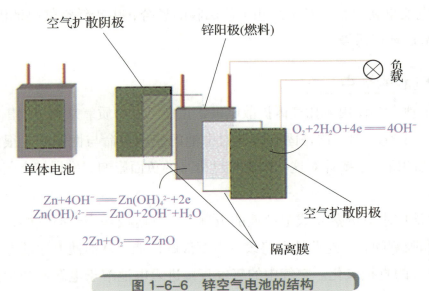

$O_2+2H_2O+4e \!=\! 4OH^-$

$Zn+4OH^- \!=\! Zn(OH)_4^{2-}+2e$
$Zn(OH)_4^{2-} \!=\! ZnO+2OH^-+H_2O$

$2Zn+O_2 \!=\! 2ZnO$

图1-6-6 锌空气电池的结构

锌在电池介质中与空气中的氧发生氧化反应，产生电流供给外电路。锌作为负极活性物质，空气中的氧气作为正极活性物质，通过载体活性炭做成的电极发生反应。锌空气电池阳极反应是锌的氧化反应，阴极反应是氧气的还原反应，其阴极反应与氢氧燃料电池中的阴极反应过程是一样的。因此，也把锌空气电池看作燃料电池的一种，称为金属燃料电池。

空气电极是整个锌空气电池中的关键，而空气电极的性能受制备工艺、防水层性能、催化剂种类等多种因素的影响。当前研究重点集中在高效率的薄型空气电极技术方面，包括如何获取更好的催化剂、设计寿命更长的电极物理结构、降低制造成本等。

2. 锌空气电池的优点

1）容量大。由于空气电极的活性物质氧气来自周围的空气，材料不占用电池空间，更无需材料成本，在相同体积、质量的情况下，锌空气电池储存了更多的反应原料，因而容量就会高出很多。

2）能量密度高。锌空气电池的理论比能量可达 1350W·h/kg，目前已研制成功的锌空气电池比能量已经可达 200W·h/kg 以上，这个能量密度是铅酸电池的 5 倍。

3）价格低廉。锌空气电池的阴极活性物质氧气来自周围空气，除了空气催化电极之外，不需要任何高成本的组件；阳极活性物质锌来源充足，资源丰富，价格便宜，并且如果实现了锌的回收利用，它的价格将进一步降低。

4）储存寿命好。锌空气电池在储存过程中均采用密封措施，将电池的空气孔与外界隔绝，因而电池的容量损失极小，储存寿命好。

5）锌可以回收利用、制造成本低。锌的来源丰富，生产成本较低，回收再生方便，回收再生成本也较低，可以建立废电池回收再生工厂。

6）绿色环保。在使用中，锌空气电池的正极消耗空气，负极消耗锌。锌空气电池的结构与其他电池不同，在使用完毕后，正负极物质容易分离，便于集中回收，其中负极的电解锌可以直接加入电池重新使用。对于某些不便回收的场合，由于锌空气电池内没有害物质，即使抛弃也不会造成环境污染。

3. 锌空气电池的缺点

由于锌空气电池大多使用多孔气体扩散电极，正极活性物质氧来源于周围的空气，空气电极在工作时暴露于空气中，这一固有特性对电池的使用寿命与性能产生很大的危害。因此，对锌空气电池的研究主要针对这一固有特性带来的负面影响。发展锌空气电池，需要解决以下几个问题。

1）防止电解液中水分的蒸发或电解液的吸潮。空气电极暴露于空气中，必然会发生电解液水分的蒸发和吸潮问题，这些情况将改变电解液的性能，从而使电池性能下降。

2）避免锌电极的直接氧化。空气中的氧气直接进入电池溶于电解液产生离子累积，会使空气电极电位负移，锌电极直接氧化，从而使锌电极出现钝化，降低锌电极的活性。

3）防止锌枝晶的生长。锌电极本身的自放电反应使锌腐蚀产生锌枝晶。当锌枝晶生长到一定程度时，就会刺穿电池隔膜，使电池发生短路，从而降低电池的性能。

4）提高空气电极的催化剂活性。空气电极曾采用铂、银等贵金属作催化剂，催化效果好，但成本很高。采用炭黑、石墨与二氧化锰的混合物作催化剂，锌空气电池的成本降低了，但催化剂活性偏低，影响电池的放电电流密度。

5）控制电解液的碳酸化。空气中的氧气进入电池的同时，空气中的二氧化碳也进入电池，溶于电解液中，使电解液碳酸化，导致电解液的导电性能下降，电池的内阻增大，同时碳酸盐在正极上的析出使正极的性能下降。这不仅影响了电池的放电性能，而且使电池的使用寿命受到很大的影响。

6）解决电池的发热和温升问题。当电池大电流放电时，发热不可避免。因此，如何使这部分热量排出电池体外或者得到有计划的利用，成为锌空气电池必须解决的问题。

4. 锌空气电池的应用

1995年，以色列电燃料有限公司首次将锌空气电池用于纯电动汽车上，使锌空气电池进入了实用化阶段。美国Dreisback Electromotive公司以及德国、法国、瑞典、荷兰、芬兰、西班牙和南非等多个国家也都在纯电动汽车上积极地推广应用锌空气电池。

以色列电燃料有限公司开发的锌空气电池，装在载质量1000kg、总质量3500kg的电动邮车上，试验结果为：能量密度达到207W·h/kg，350kg的锌空气电池使电动邮车行驶了300km，最高车速可达120km/h，由静止加速到80km/h用时为12s，该车具有良好的动力性能。美国Dreisback Electromotive公司开发的锌空气电池，已在公共汽车和总质量9t的货车上使用，公共汽车可连续行驶10h左右，货车最大续航里程达113km。德国奔驰汽车公司的MB410型电动箱式车，标准总质量为4000kg，采用150kW·h的锌空气电池，从法国的尚贝里城越过阿尔卑斯山，连续爬坡150km，山高2083m，全程244km，到意大利都灵仅消耗65%的电量。该车从德国的不来梅到波恩，最高车速达120km/h，一次充电后可走完全程425km的路程。瑞典斯德哥尔摩市电动货车、电动客车和电动服务车辆上，采用的锌空气电能量密度为180W·h/kg，功率密度为100W·h/L，续航里程为350~425km。该市的锌空气电池废料回收处理能力为250kg/h，可为150辆电动车辆提供可再生的锌粒。

国内部分厂家已经在注入式锌空气电池方面开展了多年的研究工作，并且在部分电动车辆上进行了试验性装车测试。2010年，北京市安排5辆电动大客车和环卫车进行运行测试，另安排50辆电动大客车和环卫电池车，在北京市政府指定的线路进行路试，投入市公交和环卫系统的试验运行，为市场运作提供可靠的依据。

1.6.3 太阳能电池

太阳能转换为电能是大规模利用太阳能的重要技术基础，其转换途径很多，有光电直接转换、光热电间接转换等。这里所指的太阳能电池是指利用光电效应使太阳的辐射光通过半导体物质转变为电能的装置，又称为光伏电池。能产生光伏效应的材料有许多，如单晶硅、多晶硅、非晶硅、砷化镓等。

1. 太阳能电池的原理

如图 1-6-7 所示，当太阳光线照射在太阳能电池表面由 P、N 型两种不同导电类型的同质半导体材料构成的 P-N 结上时，一部分光子被硅材料吸收，光子的能量传递给硅原子，使电子发生跃迁，形成新的电子对。在 P-N 结电场的作用下，空穴由 N 区流向 P 区，电子由 P 区流向 N 区，形成内建静电场。

如果从内建静电场的两侧引出电极并接上适当负载，就会产生一定的电压和电流，对外部电路产生一定的输出功率。这个过程的实质是光子能量转换成电能的过程。为了获得较高的输出电压和较大容量，往往把多片太阳能电池串联在一起（图 1-6-8）。由于受到应用环境（阳光照射角度、强度、环境温度等）的影响，太阳能电池的输出功率是随机的。不同时间、不同地点下，同一块太阳能电池的输出功率不同。

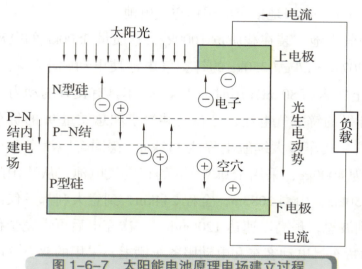

图 1-6-7　太阳能电池原理电场建立过程

图 1-6-8　太阳能电池串联

2. 太阳能电池的应用

全球太阳能电池产业在 1994—2004 年 10 年间增长了 17 倍，2006 年全球太阳能电池安装规模已达 1744MW。中国对太阳能电池的研究起步于 1958 年；20 世纪 80 年代末期，国内开始引进太阳能电池生产线；2007 年，中国太阳能电池产量达到 1188MW，同比增长 293%，成功超越欧洲、日本，成为世界太阳能电池生产第一大国。在产业布局上，中国太阳能电池产业已经形成了一定的集聚态势。在长三角、环渤海、珠三角、中西部地区，已经形成了各具特色的太阳能产业集群。太阳能电池（图 1-6-9）具有简单的工艺及稳定的性能，光电转换效率稳定在 10% 以上，制作

图 1-6-9　太阳能发电

成本仅为硅太阳电池的 1/10~1/5，寿命能达到 20 年以上。

目前，太阳能电池的应用已从军事领域、航天领域进入工业、商业、农业、通信、家用电器以及公用设施等各行各业，尤其可以分散地布置在边远地区、高山、沙漠、海岛和农村，可以减少造价昂贵的电缆的使用，从而降低成本。

在电动车辆领域，早在 1978 年，世界上第一辆太阳能汽车便在英国研制成功，时速达 13km。1982 年，墨西哥研制出三轮太阳能车，时速达 40km。由于这辆汽车每天所获得的电能只能运行 40min，它还不能跑远路。1999 年 5 月，巴西圣保罗大学的科研人员设计出一款新型太阳能汽车，最高时速超过 100km。2003 年，在澳大利亚太阳能汽车比赛上，由荷兰制造的"NunaH"太阳能汽车（图 1-6-10）取得了冠军，它以 30h54min 的时间跑完了 3010km 的路程，创造了太阳能汽车最高速度 170km/h 的新世界纪录。

"无名"号太阳能电瓶车外观上跟公园的电瓶车相似，可搭乘 6 名乘客，速度最高达 48km/h，持续行驶时间 1h 左右。"Solar R"太阳能轿车（图 1-6-11）的核心动力技术为薄膜太阳能芯片技术，薄膜太阳能组件集成在车顶或车身，以太阳能作为能源，并转化成电能为车辆电池充电。同时，新车还可以使用传统的固定充电设施进行补充电能，在充足阳光条件下，新车能够年行驶里程 2 万 km，满足城市出行基本需要。

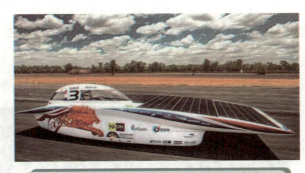

图 1-6-10　"NunaH"太阳能汽车

图 1-6-11　"Solar R"太阳能轿车

除了作为车辆的主驱动动力源应用以外，科研工作者针对太阳能电池在车辆辅助能源提供方面也进行了大量的尝试和试验。

1）用作汽车蓄电池的辅助充电能源。日本应庆大学设计了一款叫萤火虫的电动概念车，该车车顶上贴有近 1m 的转换效率较高的光伏板，其作用是给 12V 的辅助电池充电，供车辆灯光等低压电器应用。当 12V 电压电池充满后，太阳能电池还可以给驱动主电源充电。

2）用于驱动风扇和汽车空调等系统。为解决汽车在阳光下停泊，造成车内温度升高、乘坐舒适性下降的问题，现在部分高端车型采用太阳能天窗技术，利用内置在天窗内部的太阳能集电板产生的电力，驱动鼓风机或车载空调系统，改善车内的环境状况。

太阳能汽车虽然在一定时间内还集中于局部应用，但小规模的应用已经出现，比如高尔夫球场和主题公园等。随着政策引导及人们环保意识的加强，太阳能汽车的发展已成为一种社会共识。从最初的太阳能赛车，到太阳能电瓶车，再到现在普通汽车上大批量安装使用的太阳能空调、太阳能风扇、太阳能天窗、太阳能辅助蓄电池等，太阳能电池在汽车上的应用已越来越广泛。

3. 太阳能电池汽车的发展

由于受到天气、季节、时间等不可抗力因素的影响，太阳能具有地域性、季节性和时域性等特点。同时，太阳光的不稳定性、分散性（强烈时大约为 1kW/m²），以及太阳能电池能量密度小、转化效率低、成本高等因素，导致太阳能电池在汽车上还不能广泛使用。由于太阳能电池价格比较高，太阳能汽车的价格也比较高，超出了普通民众接受的范围。太阳能汽车功率普遍较小，续航里程短，承重能力低，乘坐舒适性与普通汽车相比还有较大的差距。我国机动车登记制度明确规定，未列入《机动车产品目录公告》的机动车不准办理注册登记，这也是限制太阳能电池在汽车上应用的一个外在因素。

随着环境污染、全球变暖以及化石能源的逐渐枯竭，各国政府都通过立法或规划等手段提出了新能源刺激发展方案或新能源补贴方案。而作为清洁完全无污染的太阳能，将会因此引起更多企业的研发和重视。很多国家的汽车企业和光电企业已加大了对汽车和太阳能电池的研发投入，并取得了很大进展，主要表现为提高汽车设计技术，提高太阳能电池的转换效率，提高对太阳光照的利用效率。

1.6.4 超级电容器

超级电容器（简称超级电容）（图 1-6-12），又称双电层电容器，是一种通过极化电解质来储能的电化学元件，但在储能的过程中并不发生化学反应，其储能过程是可逆的，可以反复充放电数十万次。与传统的电容器和二次电池相比，超级电容器的比功率是电池的 10 倍以上，储存电荷的能力比普通电容器高，并具有充放电速度快、循环寿命长、使用温度范围宽、无污染等优点，是一种非常有前途的新型绿色能源。

图 1-6-12 超级电容器

1. 超级电容器的工作原理和分类

电容器由两个彼此绝缘的平板形金属电容板组成，在两块电容板之间用绝缘材料隔开。电容器极板上所储集的电量与电压成正比。电容的计量单位为法拉（F）。当电容器充上 1V 电压时，如果极板上存储 1F 电荷量，则该电容器的电容量就是 1F。

电容器的容量只取决于电容板的面积，与面积的大小成正比，而与电容板的厚度无关。另外，电容器的电容量还与电容板之间的间隙成反比。当电容元件充电时，电容元件上的电压增高，电场能量增大，电容器从电源上获得电能。当电容器放电时，电压降低，电场能量减小，电容器释放能量，可释放能量的最大值为 E，如图 1-6-13 所示。

超级电容器的结构与双电层电容器相同，如图 1-6-14 所示。当外加电压加到超级电容器的两个极板上时，与普通电容器一样，极板的正极板存储正电荷，负极板存储负电荷。在超级电容器的两极板上电荷产生的电场作用下，在电解液与电极间的界面上形成相反的电荷，以平衡电解液的内电场。这种正电荷与负电荷在两个不同向之间的接触面上，正负电荷

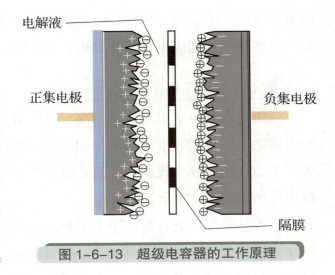

图 1-6-13 超级电容器的工作原理

以极短间隙排列在相反的位置上的电荷分布层称为双电层，其电容量非常大。当两极板间电势低于电解液的氧化还原电极电位时，电解液界面上电荷不会脱离电解液。随着超级电容器放电，正、负极板上的电荷被外电路泄放，电解液界面上的电荷相应减少。由此可以看出，超级电容器的充放电过程始终是物理过程，没有化学反应，因此性能更加稳定。

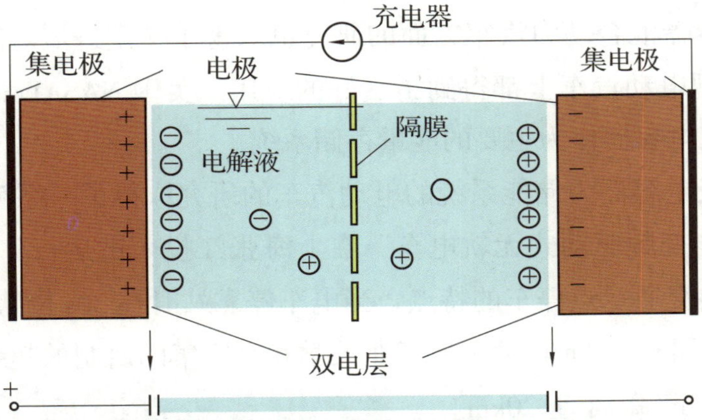

图 1-6-14 超级电容器的的结构

2. 超级电容器的特性

由于双电层电容的充放电属于物理过程，其循环次数高，充电过程快，比较适合在电动车中应用。传统电容器能以瞬间高功率将能量短时间释放出来，并且可以在数微秒内完成充电，具有超长使用寿命，但其极低的比能量无法达到储能元件的需求。电池可将化学能转换成电能，比能量较高，已得到广泛使用，但转换过程受化学反应动力学限制，充放电时间长，否则电池材料会发生不可逆变化，导致寿命缩短。

超级电容器与传统电容器相比，储存电荷的面积大得多，电荷被隔离的距离小得多，因此一个超级电容器单元的电容量就高达几法至数万法，比能量为传统电容器的 10 倍以上。与电池相比，由于采用了特殊的工艺，超级电容器的等效电阻很低，电容量大且内阻小，可

以有很高的尖峰电流，因此具有很高的比功率，且充放电时间短、充放电效率高、循环寿命长。这些特点使超级电容器非常适合于短时大功率的应用场合。

3. 超级电容器的应用

超级电容器由于具有比功率高、循环寿命长、充放电时间短等优势，成为理想的电动汽车电源之一。目前，世界各国争相研究，并越来越多地将其应用到电动车辆上。美国能源部最早于20世纪90年代就在《商业时报》上发表声明，强烈建议发展电容器技术，并使这项技术应用于电动汽车上。

日本是将超级电容器应用于混合动力电动汽车的先驱，超级电容器是近年来日本电动汽车动力系统开发中的重要领域之一。本田的FCX燃料电池-超级电容器混合动力汽车是世界上最早实现商品化的燃料电池轿车，该车已于2002年在日本和美国加利福尼亚州上市；日产公司于2002年6月24日生产了安装有柴油机、电动机和超级电容器的并联混合动力卡车，此外还推出了天然气-超级电容器混合动力客车，该车的经济性是原来传统天然气汽车的2~4倍；日本富士重工推出的电动汽车已经使用了日立机电制作的锂离子蓄电池和松下电器制作的储能电容器的联用装置。

美国在超级电容器混合动力汽车方面的研究也取得了一定进展。Maxwell公司开发的超级电容器在各种类型电动汽车上都得到了良好的应用。美国NASALewis研究中心研制的混合动力客车采用超级电容器作为主要的能量存储系统。

中国国内以超级电容器为储能系统的电动汽车的研究取得了一系列成果。2004年7月，我国首部"电容蓄能变频驱动式无轨电车"在上海张江投入试运行，该公交车利用超级电容器比功率大和公共交通定点停车的特点，当电车停靠站时在30s内快速充电，充电后就可持续提供电能，时速可达44km。哈尔滨工业大学和巨容集团研制的超级电容器电动公交车，可容纳50名乘客，最高时速20km。2010年上海世博会期间，世博园内也运行了采用超级电容器驱动的电动客车，如图1-6-15所示。

在纯电动汽车和混合动力电动车上采用超级电容器-蓄电池复合电源系统被认为是解决未来电动车辆动力问题的途径之一。随着对电动汽车用超级电容器的进一步研究和开发，超级电容器-蓄电池复合电源在满足性能和成本要求的基础上更具有实用性，其市场前景广阔。

图1-6-15 超级电容器驱动的电动客车

拓展知识

1. 超高速飞轮储能电池的构造和原理

超高速飞轮储能电池（图1-6-16）的概念起源于20世纪70年代中期，是伴随着当时能源危机导致的电动汽车研发热潮出现的，最初的应用对象就是电动汽车。但由于当时各种技术的限制，没有得到实际的应用。直到20世纪90年代，由于电路拓扑思想的发展和碳纤维材料的广泛应用，这种物理储能型电池得到了高速发展，并且伴随着磁轴承技术的发展，展示出广阔的应用前景。

图1-6-16 超高速飞轮储能电池

超高速飞轮储能电池是基于飞轮以一定角速度旋转时，可以储存动能的基本原理制造的。充电时，超高速飞轮储能电池中的电机以电动机形式运转，在外电源的驱动下，电机带动飞轮高速旋转，即用电给超高速飞轮储能电池"充电"，增加了飞轮的转速；放电时，电机则以发电机状态运转，在飞轮的带动下对外输出电能，完成机械能到电能的转换。

超高速飞轮储能电池技术主要涉及复合材料科学、电力电子技术、磁悬浮技术、超真空技术、微电子控制系统等学科和技术，具有明显的多学科交叉和集成特点。其主要由复合材料飞轮、集成的发电机/电动机、支撑轴承、电力电子及其控制系统、真空腔、辅助轴承和事故屏蔽容器组成，如图1-6-17所示。

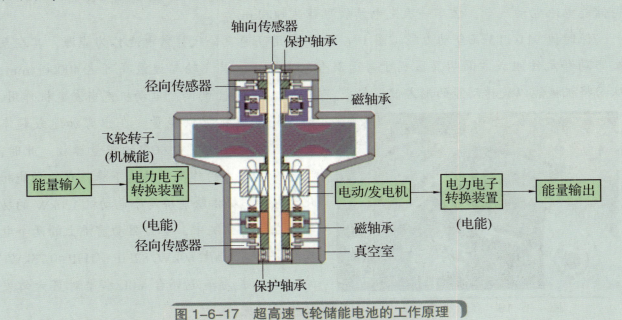

图1-6-17 超高速飞轮储能电池的工作原理

2. 超高速飞轮储能电池的应用

在人造卫星、飞船、空间站等航空航天领域，超高速飞轮储能电池都有实际应用（图1-6-18）。超高速飞轮储能电池一次充电可以提供同质量化学电池两倍的功率，同负载的使用时间为化学电池的3~10倍。同时，因为它的转速是可测可控的，所以可以随时查看剩余电能。美国太空总署已在空间站安装了48个飞轮电池，联合在一起可提供超过150kW的电能。超高速飞轮储能电池作为稳定电源，可提供几秒到几分钟的电能，这段时间足以保证工厂进行电源切换，因此超高速飞轮储能电池可作为不间断电源使用。德国GmbH公司制造了一种使用飞轮电池的不间断电源，在5s内可提供或吸收5MW的电能。

图1-6-18　超高速飞轮储能电池在航空航天领域的应用

超高速飞轮储能电池充电快，放电完全，非常适合车辆应用。由于成本和小型化的问题，超高速飞轮储能电池仅在部分电动汽车和火车上有示范性应用，并且主要是混合动力电动车辆。车辆在正常行驶或制动时，给超高速飞轮储能电池充电；在加速或爬坡时，超高速飞轮储能电池则给车辆提供动力，保证发动机在最优状态下运转。20世纪80年代初，瑞士Oerlikon Energy公司研制成功了完全由超高速飞轮储能电池供能的电动公交客车，飞轮直径1.63m，质量1.5t，可载70名乘客，在行驶过程中，需要在每个车站（站间距约800m）停车充电2min。1987年，德国开发了超高速飞轮储能电池混合动力汽车，利用超高速飞轮储能电池吸收90%的制动能量，并在需要短时加速等工况下输出电能补充内燃机功率的不足。1992年，美国飞轮系统公司采用纤维复合材料制造飞轮，并开发了超高速飞轮储能电池电动汽车，该车一次充电续航里程达600km。

保时捷911GT3混合动力版（图1-6-19）采用高速飞轮代替蓄电池作为能源，其在系统布局和元件组成方面明显区别于普通混合动力汽车。其飞轮转速最高可达40000r/min，从而将机械能以旋转动能的形式储存起来。制动时，前桥上的两个电动机充当发电机作用，为飞轮发电机提供能量。在出弯加速或超车时，可以将飞轮发电机中的能量释放。此时，飞轮在电磁力的作用下转速下降，它的动能转化为电能，提供给前桥两个电动机120kW的功率。在这套系统中，电力驱动前桥上的两个电动机将分别产生60kW/82HP（1HP=0.75kW）的功率，成为车尾那台4.0L水平对置六缸发动机的补充。

图1-6-19　高速飞轮汽车

学习情境 2

动力电池成组管理

任务 1　认知动力电池组

学习目标

1）能描述动力电池的基本概念。
2）能描述动力电池的组成部件。
3）能描述动力电池组成部件的功能。
4）能描述电池包的布置形式。

2.1.1　动力电池的基本概念

新能源汽车动力电池生产线

（1）电池单体

电池单体（图 2-1-1）是直接将化学能转化为电能的基本单元装置，包括电极、隔膜、电解质、外壳和端子，并被设计成可充电。

（2）电池模组

电池模组（图2-1-2）是将一个以上电池单体按照串联、并联或串并联方式组合，且只有一对正负极输出端子，并作为电源使用的组合体。

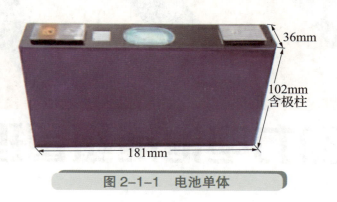

图2-1-1　电池单体　　　　　　图2-1-2　电池模组

（3）单体采集系统

每一个电池单元有多个单体采集系统，以监测其中每个电池单体或电池组的单体电压、温度信息。单体采集系统将相关信息上报电池控制单元，并根据电池控制单元的指令执行单体电压均衡。

（4）电池控制单元

电池控制单元安装于动力电池总成内部，是电池管理系统的核心部件。电池控制单元将单体电压、电流、温度及整车高压绝缘等信息上报整车控制器，并根据整车控制器的指令完成对动力电池的控制。

（5）电池高压分配单元

电池高压分配单元安装在动力电池总成的正负极输出端，由高压正极继电器、高压负极继电器、预充继电器、电流传感器和预充电阻等组成。

（6）维修开关

吉利帝豪EV450的维修开关（图2-1-3）位于动力电池总成中间表面位置，打开驾驶室内副仪表手套箱开关，可操作维修开关。在高压零部件检查和维护前，断开维修开关可以确保切断高压。

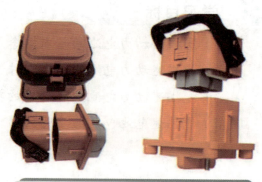

图2-1-3　维修开关

2.1.2 动力电池的组成部件及功能

动力电池系统主要由动力电池模组、电池管理系统、动力电池箱及辅助元器件四部分组成，其整体展示如图2-1-4所示。

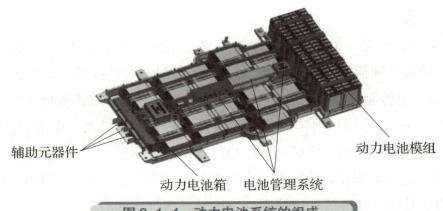

图 2-1-4 动力电池系统的组成

1. 动力电池模组

1）电池单体：构成动力电池模块的最小单元。一般由正极、负极、电解质及外壳等构成，可实现电能与化学能之间的直接转换。

2）电池模块：一组并联的电池单体的组合。该组合额定电压与电池单体的额定电压相等，是电池单体在物理结构和电路上连接起来的最小分组，可作为一个单元替换。

3）模组：由多个电池模块或单体电芯串联组成的一个组合体，如图 2-1-5 所示。

2. 电池管理系统

电池管理系统是电池保护和管理的核心部件，在动力电池系统中，它的作用就相当于人的大脑。它不仅要保证电池安全可靠地使用，而且要充分发挥电池的能力和延长使用寿命。电池管理系统作为电池和整车控制器以及驾驶者沟通的桥梁，通过控制接触器控制动力电池组的充放电，并向整车控制器上报动力电池系统的基本参数及故障信息。

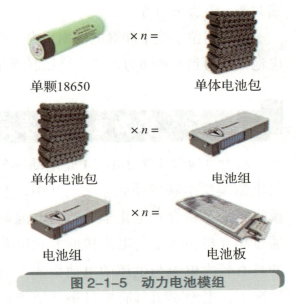

图 2-1-5 动力电池模组

电池管理系统具备通过电压、电流及温度检测等实现对动力电池系统的过电压、欠电压、过电流、过高温和过低温保护，继电器控制、荷电状态估算、充放电管理、均衡控制、故障报警及处理、与其他控制器通信功能等功能。此外，电池管理系统还具有高压回路绝缘检测功能，以及为动力电池系统加热的功能，如图 2-1-6 所示。

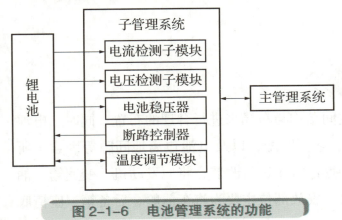

图 2-1-6 电池管理系统的功能

3. 动力电池箱

1）定义：支撑、固定、包围电池系统的组件，主要包括上盖和下托盘，还有辅助元器件，如过渡件、护板、螺栓等。动力电池箱有承载及保护动力电池组及电气元件的作用。

2）技术要求：电池箱体通过螺栓连接在车身地板下方，其防护等级为 IP 67，螺栓拧紧力矩为 80~100N·m。整车维护时需观察电池箱体螺栓是否有松动，电池箱体是否有破损或严重变形，密封法兰是否完整，确保动力电池可以正常工作。

3）外观要求：电池箱体外表面颜色要求为银灰或黑色，亚光；电池箱体表面不得有划痕、尖角、毛刺、焊缝及残余油迹等外观缺陷，焊接处必须打磨圆滑。

4. 辅助元器件

辅助元器件主要包括动力电池系统内部的电子电器元件，如熔断器、继电器、分流器、接插件、紧急开关、烟雾传感器等，以及除维修开关和电子电器元件以外的辅助元器件，如密封条、绝缘材料等。

接触器位于线束和继电器模块内，用于控制高电压的通断。当接触器闭合时，高电压自电池组输出到车辆动力系统，接触器断开后，高电压保存在电池组内。

2.1.3 动力电池包发展现状

动力电池包（图 2-1-7）是电动汽车的动力源泉，其内部结构通常由多个电池单体组成的电池模组串联或并联而成。其中，电池模组指的是将含有电化学电芯的电池单体通过相互机械固定与电连接的方式组合成的具有较大电流与电压的电池集成。一般情况下，电池模组具有质量小、便于移动更换等特点。除电池模组之外，电池包内还必须由电池热管理器、开关控制器以及电池安全BMS模块等辅助系统。

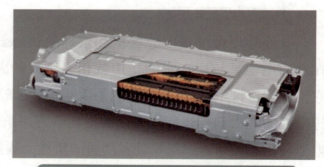

图 2-1-7 动力电池包

2.1.4 电池包布置形式

动力电池包通常要根据电动汽车整体的空间结构与布局来进行合理的布置。同时，电池包的布置还需考虑电动汽车整车的驱动形式、载荷匹配，以及电池包离地间隙等因素。所以，在早期的电动汽车中通常都是基于传统的燃油汽车进行改装，将原发动机、变速箱、油箱等位置腾出安放电动汽车的动力电池。通常，安放部位主要为汽车前舱、后备箱、座椅底部和汽车底板下部。其布置形式的对比如表 2-1-1 所示。

表 2-1-1 电池包布置形式的对比

布置部位	重心匹配	碰撞安全性	离地间隙	储能容量	拆装性能
前舱	★	★	★★★	★★★★	★
后备箱	★★	★★	★★★	★★★★	★★★
座椅下部	★★★	★★★	★★	★★★★	★
底板下部	★★★★	★★★★★	★	★★★★★	★★★★

如今，随着电动汽车技术的不断成熟，电池包的布置形式也更加合理与科学。其布置形式主要采用车身底板下置与车身后置两种形式。其中，在电动车市场上电池包后置的电动车有日本丰田 Prius、瑞典沃尔沃 S60 以及福特 Focus EV，其电池包均置于汽车后备箱处。但是该布置方式会使整车质心后移，当电池包质量较大时，会严重影响电动汽车整车的操作稳定性。再加上车身后部的空间限制等因素，通常后置电池包的体积较小、电池模组较少，极大地限制了电动汽车的续航能力。因此，该布置一般适用于混合动力汽车和续航能力要求较低的电动汽车。而底板下置的电池包则是目前电动汽车主要采用的装置形式。其优点主要在于车身底板下空间大，能放置体积较大、模组较多的动力电池包，并且由于电池包的加入，整车质心会下移，从而有效提高了电动汽车的稳定性与整车动力性。同时，底板下置的布置形式有效改善了电动汽车的碰撞安全性能，并且有利于前后轴载荷的分布，使车身的整体刚度得以提高。电池包布置形式如图 2-1-8 所示。

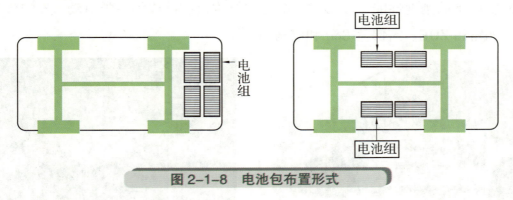

图 2-1-8 电池包布置形式

目前，由于电动汽车车型的差异，其动力电池包的形状也是各种各样。例如，雪佛兰 Volt 为了便于电池组在汽车底板下的布置，采用了由 4 个电池模组组成的"T"字形电池包结构，并置于后座下以及与前座的通道内。但 Volt 仍是由燃油车改装而成的，空间较小，装载的电池包体积与质量受到的较大限制，如图 2-1-9 所示。

大众 e-Golf 充分利用其车身的结构特征，在原有车身上装置了一种典型的"土"字形电池包，如图 2-1-10 所示，使电动汽车的续航能力因总电量的提升而得到明显改善。

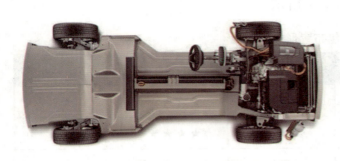
图 2-1-9 雪佛兰 Volt 电池组

图 2-1-10 大众 e-Golf 电池组

日产 leaf 电池组结构呈"凹"字形，其结构与座舱底板完美贴合，充分利用了电动汽车底板与地面之间的空间结构，如图 2-1-11 所示。电池包中共有 48 个电池模组，通过串联的形式放置在电池包箱体内。其中，每个电池模组由 4 节锂离子电池单体采用串并联结合的方式组成。而在结构方面，其外壳采用了较薄的冲压材料，并通过点焊工艺进行组装，从而使电池包的质量与电池包结构几何特征明显降低，极大地提高了电池包的密封性及其可靠性。同时，外壳上的凸筋也大幅提升了电池包的结构刚度。

受于传统汽车结构的局限性，不论如何挖掘可用空间，电动汽车的动力电池包始终不能实现最优设计。并且随着电动汽车需求增大，其续航能力要求也远不能只限于 200km，而是要往 400km 甚至是更高要求发展。对此，特斯拉电动汽车采用全新的产品设计思路，整车的设计围绕电池包展开，将电池包进行模块化设计，平铺在车身底盘下，使电池包与车身底板融为一体，以最大限度地获得可用空间，如图 2-1-12 所示。同时，利用整车的框架强化对电池包结构的保护，大大提高了电池包的安全性能，并且车身底板通过电池包结构有效地加强了各载荷状况下的刚度性能。该形式的电池包结构目前已成为各类电动汽车电池包设计的主要趋势，如雷诺 ZOE、雪佛兰 Bolt 和宝马 i3 等。

图 2-1-11 日产 leaf 电池组

图 2-1-12 电池包模块化设计

2.1.5 吉利帝豪 EV450 动力蓄电池系统简介

该车动力蓄电池采用三元锂离子蓄电池，以钴酸锂、锰酸锂或镍酸锂等化合物为正极，以可嵌入锂离子的碳材料为负极，使用有机电解质。其参数如表 2-1-2 所示。

表 2-1-2 吉利帝豪 EV450 动力蓄电池系统参数

基本参数	自然冷却包	水冷包
系统成组方式	3P98S	3P95S
总电量 /（kW·h）	45.3（1/3C）	41.6（1C）
额定电压 /V	359.66@1C	346@1C
电压范围 /V	274.4~411.6	266~394
热管理系统	自然冷却	水冷
系统尺寸 /mm	2001×1096×381.4	2042.5×1096×381.4（包括水管接口）
系统重量 /kg	400	416（不含冷却液）
冷却液	—	50% 乙二醇 +50% 水体积 3.52L

动力蓄电池总成安装在车体下部，其组成部件包括各模组总成、单体采集系统、电池控制单元、电池高压分配单元、维修开关等部件，如图 2-1-13 所示。

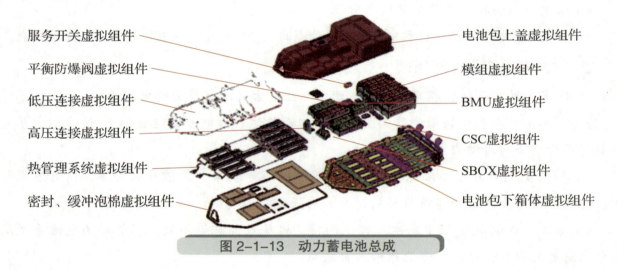

图 2-1-13 动力蓄电池总成

拓展知识

1. 动力电池相关要求

（1）运输

1）动力电池报废后要根据其种类，用符合国家标准的专门容器分类收集运输。

2）应根据动力电池的特性对储存、装运动力电池的容器进行设计，使其不易破损、变形，其所用材料能有效地防止渗漏、扩散。

3）装有废旧动力电池的容器必须贴有国家标准所要求的分类标识。

4）在废旧动力电池的包装运输前和运输过程中应保证其结构完整，不得将废旧动力电池破碎、粉碎，以防止电池中有害成分的泄漏污染。

（2）储存

1）禁止将废旧动力电池堆放在露天场地，避免废电池遭受雨淋水浸。

2）批量废弃锂离子电池储存设施所使用的容器应确保满足其储存要求，保证废弃锂离子电池的外壳完整，排除对环境造成不利影响，建立安全管理和出现危险时的应急机制。

3）储存于通风良好的干净环境。

4）不可放置于阳光直晒区域。

5）必须远离可使电池系统外部升温60℃的热源。

6）必须平放于包装箱内。

7）勿摔落电池系统并避免表面撞击。

（3）污染防治

1）锂电池的收集、运输、拆解、再生冶炼等活动要严格遵守以上要求。

2）锂电池应当进行回收利用，禁止用其他办法进行处置。

3）锂电池应当按照危险废物进行管理。

4）锂电池在收集、运输过程中应当保持外壳的完整，防止发生液体泄漏对环境的污染。

2. 动力电池使用注意事项

1）汽车上坡、下坡、拐弯时应当减速，防止过大的加速度影响电池箱体。

2）汽车不宜在积水较深的路面上行驶（水面低达动力电池系统底部），洗车时也尽量不要将水枪喷头对着动力电池系统喷射。

3）如果发现动力电池系统表面出现划痕、掉漆等现象，应该及时补漆，做好表面防护，防止动力电池系统箱体被长期腐蚀而影响强度。

4）如果汽车驾驶过程中发生正撞、侧撞、追尾或侧翻等事故，不管动力电池系统从表观上看有无损坏，都应与专业维修人员联系。

5）如果汽车落水或者被水浸泡，不要自己擅自处理。

6）车辆行驶过程中，随着电量的消耗，荷电状态会逐渐减小。当数值减小到15%以下时，指示灯会点亮。此时，动力电池系统的能量即将耗尽，应尽快对电池包进行充电。

7）当动力电池系统的荷电状态小于10%后，不要猛踩加速踏板，因为整车控制器已经降功率使用，准备进入跛行回家模式（限速9km/h）。

8）在动力电池系统电量耗尽以后，应及时对电池包进行充电。

9）动力电池系统属于化学电源，由于其自身能量转换时对温度敏感，已经在电池包内部安装了加热单元。在温度较低的冬天，对电池包进行充电时，加热单元会首先起动，对动力电池系统进行加热。当温度达到适宜充电的温度范围以后，电池管理系统会自动起动动力电池系统的充电程序。

10）如果动力电池系统的加热单元损坏，应及时进行维修。因为在低温条件下不加热，电池箱体内部达不到适应充电的温度范围，电池管理系统不会起动充电程序，动力电池系统将不能进行正常充电。

11）在搁置动力电池系统时，确保动力电池系统处于半电状态（荷电状态为50%~60%）。动力电池系统在搁置过程中会发生自放电现象，每个月的电量都会降低4%左右。所以搁置时间过长时，动力电池系统的开路电压会降低到放电终止电压以下，此时电池管理系统会报警。动力电池系统若长期处于低压状态，其使用寿命会受到影响。搁置动力电池系统的时间不要太长，最多不要超过3个月，搁置环境温度应该在-20℃~+50℃，搁置过程中应该确保动力电池系统不要被曝晒，也不能被雨水浇淋。

任务2　认知动力电池管理系统

学习目标

1）能描述电池管理系统的基本功能。
2）能描述电池保护功能的主要项目。
3）能描述动力电池管理系统的工作模式。

2.2.1　电池管理系统的基本功能

动力电池管理系统是电池保护和管理的核心部件，它的作用要保证电池安全可靠地使用，控制动力电池组的充放电，并向整车控制器上报动力电池系统的基本参数及故障信息。动力电池管理系统是集监测、控制与管理为一体的、复杂的电气测控系统，也是电动汽车商品化、实用化的关键。

动力电池管理系统与电动汽车的动力电池紧密结合在一起，对动力电池的电压、电流、温度进行时刻检测，同时进行漏电检测、热管理、电池均衡管理、报警提醒，计算剩余容量、放电功率，报告荷电状态、性能状态，还根据动力电池的电压、电流及温度用算法控制最大输出功率以获得最大行驶里程，以及用算法控制充电机进行最佳电流的充电，通过CAN总线接口与车载控制器、电动机控制器、能量控制系统、车载显示系统等进行实时通信。

如图2-2-1所示，常见动力电池管理系统的功能主要包括数据采集、数据显示、状态估计、热管理、数据通信、安全管理、能量管理（包括动力电池电量均衡功能）和故障诊断，其中前6项为动力电池管理系统的基本功能。

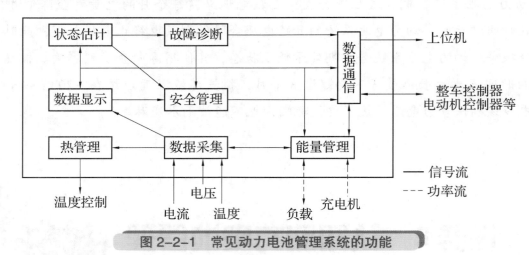

图 2-2-1 常见动力电池管理系统的功能

1）数据采集是动力电池管理系统所有功能的基础，需要采集的数据信息有电池组总电压、电流、电池模块电压和温度。

2）电池状态估计包括荷电状态估计和性能状态估计，荷电状态提供电池剩余电量的信息，性能状态提供电池健康状态的信息，目前的动力电池管理系统都实现了荷电状态估计功能，但性能状态估计技术尚不成熟。

3）热管理是指动力电池管理系统根据热管理控制策略进行工作，以使电池组处于最优工作温度范围。

4）数据通信是指电池管理系统与整车控制器、电动机控制器等车载设备及上位机等非车载设备进行数据交换的功能。

5）安全管理是指电池管理系统在电池组的电压、电流、温度、荷电状态等出现不安全状态时给予及时报警并进行断路等紧急处理。

6）能量管理是指对电池组充放电过程的控制，其中包括对电池组内单体或模块进行电量均衡。

7）故障诊断是指使用相关技术及时发现电池组内出现故障的单体或模块。

动力电池管理系统最基本的功能是监控与动力电池自身安全运行相关的状态参数（如动力电池的电压、电流和温度），预测动力系统优化控制有关的运行状态参数（荷电状态、性能状态）和相应的剩余行驶里程，进行与工作环境适应性有关的热管理等，进行动力电池管理，以避免出现过放电、过充电、过热和单体电池之间电压严重不平衡现象，最大限度地利用动力电池存储能力和循环寿命。动力电池管理系统的主要任务及相应的传感器输入和输出控制见表 2-2-1。

表 2-2-1　动力电池管理系统的主要任务及相应的传感器输入和输出控制

任务	传感器输入信号	执行器件
防止过充电	动力电池电压、电流和温度	充电器
避免深放电	动力电池电压、电流和温度	电动机控制器
温度控制	动力电池温度	热管理系统
动力电池组件电压和温度的均衡	动力电池电压和温度	均衡装置
预测动力电池的荷电状态和剩余行驶里程	动力电池电压、电流和温度	显示装置
动力电池诊断	动力电池电压、电流和温度	非在线分析装置

通常在车辆运行过程中，能够通过传感器直接测量得到的参数仅有动力电池端电压、动力电池工作电流和动力电池的温度，而车辆动力系统控制需要用到的物理量包括电池当前的荷电状态、电池当前的性能状态、最大可充放电功率等，动力电池管理系统内部各物理量之间的关系如图 2-2-2 所示。在车载动力电池管理系统中，热管理技术、准确的荷电状态和性能状态在线实时估计技术具有较大的难度，是其核心技术。

电池管理的核心问题就是荷电状态的预估问题，电动汽车电池荷电状态的合理范围是 30%~70%，这

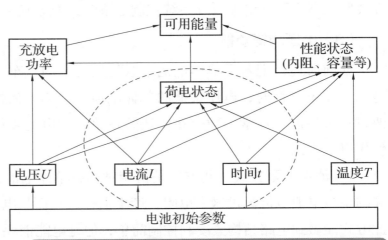

图 2-2-2　动力电池管理系统内部各物理量之间的关系

对保证电池寿命和整体的能量效率至关重要。电动汽车在运行时，电池的放电和充电均为脉冲工作模式，大的电流脉冲很可能会造成电池过充电（荷电状态超过 80%）、深放电（荷电状态小于 20%）甚至过放电（荷电状态接近 0%），因此电动汽车的控制系统一定要对电池的荷电状态敏感，并能够及时做出准确的调整。这样电池管理系统才能根据电池容量决定电池的充放电电流，从而实施控制。它根据各只电池容量的不同识别电池组中各电池间的性能差异，并以此做出均衡充电控制和电池是否损坏的判断，确保电池组的整体性能良好，延长电池组的寿命。

电池管理系统的具体功能是：①保护电池；②估算剩余电量；③计算电池寿命；④故障诊断。

其最为重要的功能是监测电池电压与温度，以及判断电池自身故障，以保护电池。因此，事先在电池管理系统核心的电池管理单元中添加了与所使用的电池化学系统相匹配的各类控制信息。

2.2.2 电池保护功能的主要项目

（1）防止过充电功能

过充电是指超过各单体电池具有的上限充电电压充电。过充电不仅会引起电池性能下降，有时还会引起发热或冒烟等。因此，需要监视各单体电池电压，控制充电电流和再生电流不超越上限电压，杜绝过充电。

（2）防止过放电功能

过放电是指低于单体电池内部使用的化学物质具有的固有下限电压放电。出现过放电时，电池内部会发生异于常态的化学反应，导致内部物质不可逆变化，之后电池无法继续使用。因此，必须避免行驶时各单体电池电压低于下限电压，需要实施抑制输出电流的控制。此外，电池在剩余容量少的状态下长期放置时会自放电，也可能导致过放电，所以点火开关在关闭状态而不在电池管理系统控制之下时，充分确保单体电池自身安全至关重要。

（3）电压均衡功能

如前所述，把若干单体电池串联使用的电动汽车十分常见。在这种情况下，各单体电池的电压不均衡时，电压最低的单体电池会影响整体性能，电池组无法获得应有性能。为改进这种情况，通常多数会在模块管理单元和电池管理单元等中设置电压均衡电路，主要使用以下方式。

1）消耗电阻方式。此方式是指相对于各单体电池，借助开关功能，并联电阻，使电压高的单体电池电流流过这个电阻，产生消耗，从而与电压最低的单体电池匹配的方式。虽然此方式能做到电路结构紧凑和控制简单，但是电能消耗会使充电效率下降（图2-2-3）。

2）转移电能型变压器方式。此方式是指并联到整个电池组的线圈为一次侧送电电压，并联到各单体电池的线圈为二次侧送电电压，把电压高的电池电能转移到一次侧送电变压器电路，之后二次侧送电变压器电路重新把电能转移到电压低的电池，使各单体电池电压均衡（图2-2-4）。此方式不仅释放了电压高的电池电能，还能够将电能转移给电压低的单体电池，实现高效率化，但是也会造成电路尺寸的大型化和控制复杂等不利因素。

3）转移电能型电容器方式。此方式是指电容器相对于各单体电池并联，通过切换电路可以使电容器与相邻电池连接，电能从电压高的电池转移至电压低的电池，实现均衡（图2-2-5）。此方式与转移电能型变压器方式一样，可有效利

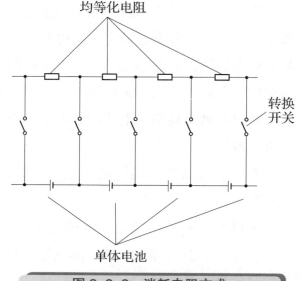

图 2-2-3 消耗电阻方式

用电能，但也存在转移电池范围受限的缺点。

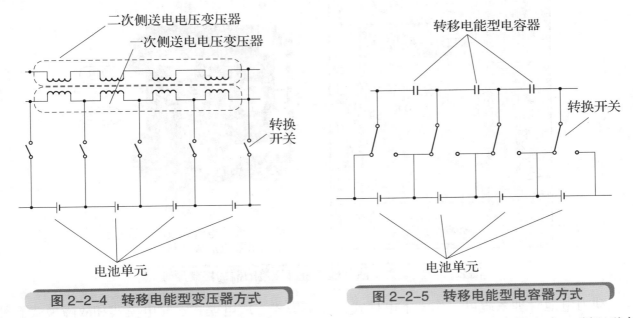

图 2-2-4 转移电能型变压器方式　　图 2-2-5 转移电能型电容器方式

此外，单体电池本身发生故障产生电压差时，需要立刻进行处理，确保安全，所以监控和判断各单体电池电压差也成为重要功能。

（4）防止过热功能

该功能是指防止各单体电池超过推荐使用的温度范围上限值的功能。用最大输出功率连续行驶和快速充电时，单体电池因自身内部电阻而发热。如果超过上限温度，不仅会使电池容量和输出性能下降，还会发生电池鼓胀等问题。模块管理单元监测各单体电池或是电池模块的温度。此外，为避免超过上限温度，在抑制输出电流和充电电流的同时，需要借助后述电池冷却系统强制降低温度。

2.2.3 动力电池管理系统的工作模式

动力电池管理系统高压接触器的结构如图 2-2-6 所示，控制原理如图 2-2-7 所示。

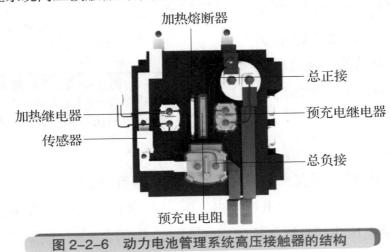

图 2-2-6 动力电池管理系统高压接触器的结构

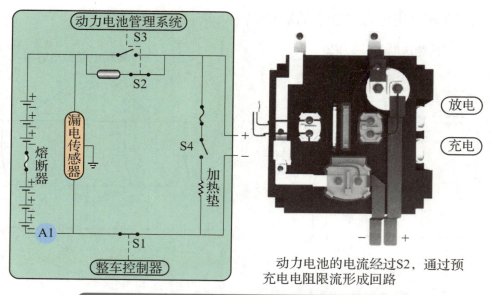

图 2-2-7 动力电池管理系统高压接触器的控制原理

动力电池管理系统可工作于下电模式、准备模式、放电模式、充电模式和故障模式五种工作模式。

（1）下电模式

下电模式是整个系统的低压与高压处于不工作状态的模式。在下电模式下，动力电池管理系统控制的所有高压接触器均处于断开状态，低压控制电源处于不供电状态，如图 2-2-8 所示。下电模式属于省电模式。

（2）准备模式

在准备模式下，系统所有的接触器均处于未吸合状态。在该模式下，系统可接受外界的点火开关、整车控制器、电动机控制器、充电插头开关等部件发出的硬线信号或受 CAN 报文控制的低压信号来驱动控制各高压接触器，从而使动力电池管理系统进入所需工作模式。

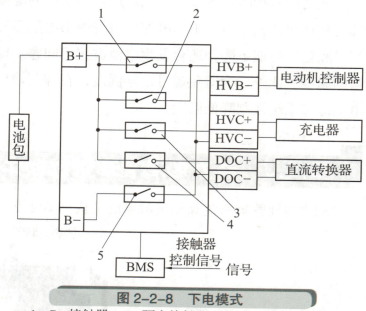

图 2-2-8 下电模式
1—B+ 接触器；2—预充接触器；3—充电器接触器；
4—直流转换器接触器；5—B- 接触器

（3）放电模式

动力电池管理系统监测到点火开关的高压上电信号后，系统首先闭合 B- 接触器，由于电动机是感性负载，为防止过大的电流冲击，B- 接触器闭合后即闭合预充接触器进入预充电状态；当预充两端电压达到母线电压的 90% 时，立即闭合 B+ 接触器，并断开预充接触器进入放电模式。目前汽车常用低压电源由12V的铅酸蓄电池提供，不仅可为低压控制系统供电，还需为助力转向电动机、刮水器电动机、安全气囊及后视镜调节电动机等提供电源。为保证低压蓄电池能持续为整车控制系统供电，低压蓄电池需有充电电源，而直流转换器接触器的开启即可满足这一需求，因此，当动力电池系统处于放电状态时，B+接触器闭合后即闭合直流转换器接触器，以保证低压电源持续供电。

（4）充电模式

动力电池管理系统检测到充电唤醒信号时，系统即进入充电模式。在该模式下，B-接触器与车载充电器接触器闭合，同时为保证低压控制电源持续供电，直流转换器接触器仍需处于工作状态。在充电模式下，系统不响应点火开关发出的任何指令，充电插头提供的充电唤醒信号可作为充电模式的判定依据。对于磷酸铁锂电池，其低温下不具备很好的充电特性，甚至还伴随有一定的危险性，因此基于安全考虑，还应在系统进入充电模式之前对系统进行一次温度判别。当电池温度低于0℃时，系统进入充电预热模式，此时可通过接通直流转换器接触器对低压蓄电池进行供电，并为预热装置供电，以对电池组进行预热；当电池组内的温度高于0℃时，系统可进入充电模式，即闭合B-接触器。

无论在充电状态还是在放电状态，电池的电压不均衡与温度不均衡都将极大地妨碍动力电池性能的发挥。在充电状态下，极易出现电压、温度不均衡的状态，充电过程中可通过电压比较及控制电路使电压较低的单体电池充电电流增大，而让电压较高的电池单体充电电流减小，进而达到电压均衡的目的。温度的不均匀性会大大降低动力电池组的使用寿命，因此，当电池单体温度传感器监测出各单体电池温度不均衡时，可选择强制风冷的方式，实现电池组内气流的循环流动，以达到温度均衡的目的。

（5）故障模式

故障模式是控制系统中常出现的一种状态。由于车用动力电池的使用关系到用户的人身安全，系统对各种相应模式总是采取"安全第一"的原则。动力电池管理系统对于故障的响应还需根据故障级别而定。当其故障级别较低时，系统可采取报错或者发出报警信号的方式告知驾驶者；而当故障级别较高，甚至伴随有危险时，系统将采取断开高压接触器的控制策略。低压蓄电池是整车控制系统的供电来源，无论是处于充电模式、放电模式还是故障模式，直流转换器接触器的闭合都可使低压蓄电池处于充电模式，从而保证低压控制系统工作正常。

拓展知识

1. 影响电池性能状态的因素

电池性能状态的直接体现是电池寿命的变化，电池寿命的减短就是电池充放电能力的减弱，电池容量的减小。电池的容量损失可以分为两部分：一部分是可以恢复的，如在电池自放电的过程中，电池会损失一部分容量，但是这部分损失的容量可以通过充电来恢复；另一部分是不能恢复的，这主要是电池在使用的过程中，电池内部的材料发生了改变。下面从各个方面来分析影响电池性能状态的因素。

1）充电限制电压。不论是哪种电池，要想其性能发挥到最佳，充电参数和充电方案的摸索和选择都是非常必要的。目前，锂离子电池普遍采用恒压限流充电方式，先对电池以一个大的电流充电，当电池电压逐渐升高时，就需要给电池限制一个电压，以小电流继续给电池充电。即常说的恒压限流充电，这个限制电压的大小会对电池的性能状态产生很大的影响。锂电池的充电限制电压为4.2V，磷酸铁锂电池一般充电到3.65V。具体充到多少伏，视电池材料而定。电压太高会造成电池容量快速衰减。电池过电压充电时，锂电池的负极发生还原反应，导致锂在电池负极沉积，这些沉积的锂覆盖在负极表面，阻塞了锂离子的嵌入，导致电池容量损失。一般来说，电池充电电压越高，电池容量衰减越快。

2）放电截止电压。电池放电时，放电电压越低，电池容量衰减越快，所以电池的放电截止电压对电池的性能状态有很大的影响。

3）充放电倍率。电池的容量用安时（A·h）来表示，倍率是指电池在规定的时间内放出电池电量与额定容量的比值。充电倍率的大小直接影响电池充入电量的多少，充电倍率越大，充入的电量越少。电池放电时亦是如此。电池在充电时一般采用标准充电法，以1/3C（C表示充电或放电速率，通常根据电池容量来表示。例如，如果标称容量是600mA·h，1C的充放电速率对应于600mA的充放电流，1/3C的速率对应200mA的充放电流）电流充电，当电池电压达到一定值后，采用恒压限流的方式进行充电。基本上大部分的电池都使用这种充电方式，但是放电时，由于负载不同，放电电流会产生很大区别。一般来说，充放电倍率越大，电池容量衰减越多。

4）温度差异的影响。锂电池对温度最为敏感，温度过高或过低都会影响电池的充放电能力，对电池的性能状态产生很大的影响，所以锂电池需要在特定的温度范围内使用。一般情况下，电池在常温环境下工作性能最好。

2. 延长锂离子电池性能状态的方法

1）尽可能在常温环境下使用电池，若环境温度较高，可以加一些散热措施，当环境温度过低时，可以增加一些加热装置，使用温度对电池的性能状态至关重要。

2）可以适当降低电池的充电电压或浮充电压，这样可以有效延长电池的使用寿命，增加电池的实际利用率。

3）避免对锂电池大电流充电和放电。

4）避免电池在使用时过度放电。

学习情境 3
动力电池的维护及检测

任务 1　动力电池的日常保养

学习目标

1）能描述电池的性能指标。
2）能描述动力电池包结构识别。
3）能描述吉利帝豪 EV450 电动车维护修理安全须知。
4）能描述吉利帝豪 EV450 电动车安全操作。

新能源汽车电池的保养

3.1.1　电池的性能指标概述

1. 电压

电压分为端电压、开路电压、额定电压、充电终止电压和放电终止电压等。各种电池的单体额定电压如表 3-1-1 所示。

1）端电压：电池正极与负极之间的电位差。

2）开路电压：电池在没有负载情况下的端电压。

3）额定电压：电池在标准规定条件下工作时应达到的电压。

4）充电终止电压：蓄电池充足电时，极板上的活性物质已达到饱和状态，再继续充电，电池的电压也不会上升。

5）放电终止电压：电池放电时允许的最低电压。

表 3-1-1　各种电池的单体额定电压

电池类型	单体额定电压 /V
铅酸蓄电池	2.0
镍铬电池	1.2
镍锌电池	1.6
镍氢电池	1.2
锌空气电池	1.2
铝空气电池	1.4
钠氯化镍电池	2.5
钠硫电池	2.0
锰酸锂电池	3.7
磷酸铁锂电池	3.2

2. 容量

电池在一定的放电条件下所能放出的电量称为电池的容量，常用单位为安时（A·h），它等于放电电流与放电时间的乘积。电池的容量可以分为理论容量、实际容量和额定容量等。

1）理论容量是把活性物质的质量按法拉第定律计算而得到的最高理论值。

2）实际容量反映了电池实际存储电量的大小，电池容量越大，电动汽车的续驶里程就越远。实际容量大于额定容量为合格电池。

3）额定容量也称保证容量，是按国家或有关部门颁布的标准，保证电流在一定的放电条件下应该放出的最低限度的容量。

荷电状态是电池在一定放电倍率下，剩余电量与相同条件下额定容量的比值，反映电池容量的变化。

当电池单体连接时，根据电池的电压与容量要求，可以把电池单体做串联、并联或者混联。串联时，电压升高，容量基本不变。并联时，电压基本不变，容量升高。混联时，电压与容量都升高。

3. 内阻

电池的内阻是指电流流过电池内部时所受到的阻力。阻力越大，电池工作内耗越大，电池效率越低。

4. 能量

电池的能量是指在一定放电制度下，电池所能输出的电能，单位是 W·h 或 kW·h。它影响电动汽车的行驶距离。能量分为理论能量、实际能量、比能量和能量密度。

1）理论能量是电池的理论容量与额定电压的乘积，表示在一定标准所规定的放电条件下，电池所输出的能量。

2）实际能量是电池实际容量与平均工作电压的乘积，表示在一定条件下电池所能输出的能量。

3）比能量也称质量比能量，是指电池单位质量所能输出的电能，单位是 W·h/kg，常用比能量来比较不同的电池系统。

4）能量密度也称体积比能量，是指电池单位体积所能输出的电能，单位是 W·h/L。

电池的比能量是综合性指标，它反映了电池的质量水平。电池的比能量影响电动汽车的整车质量和续驶里程，是评价电动汽车的动力电池是否满足预定行驶里程的重要指标。几种电池的电压、能量密度及放电时间的情况对比如表 3-1-2 所示。

表 3-1-2 几种电池的电压、能量密度及放电时间的情况对比

电池	电压 /V	能量密度 /(W·h·L^{-1})	5mm 厚度时放电时间 /h	1mm 厚度对放电时间 /min
镍镉电池	1.2	40~100	11.25	5.4
镍氢电池	1.2	90~245	27.60	13.2
银锌电池	3.6	110~220	24.75	11.9
锂离子电池	3.6	155~400	45.00	21.6
聚合物电池	3.6	180~380	42.75	20.4
薄膜锂离子电池	3.6	250~1000	112.50	54.0

5. 功率

电池的功率是指电池在一定放电制度下，单位时间内所输出能量的大小，单位为 W 或 kW。电池的功率决定了电动汽车的加速性能和爬坡能力。功率分为比功率和功率密度：①比功率是指单位质量电池所能输出的功率，也称质量比功率，单位为 W/kg 或 kW/kg；②功率密度是指单位体积电池所能输出的功率，也称体积比功率，单位为 W/L 或 kW/L。

6. 输出效率

容量效率是指电池放电时输出的容量与充电时输入的容量之比。能量效率是指电池放电时输出的能量与充电时输入的能量之比。动力电池作为储能器，充电时电能转化为化学能储存起来，放电时电能释放出来，在可逆的化学过程中有能量消耗。

7. 使用寿命

使用寿命是指电池在规定条件下的有效寿命期限。使用期限是指电池可供使用的时间，包括电池的存放时间。使用周期是指电池可供重复使用的次数。例如，比亚迪的磷酸铁锂电池寿命在 2000 次以上，正常使用 20 万 km 以上。

8. 记忆效应

记忆效应是指电池经过长期浅充放电循环后，进行深放电时表现出明显的容量损失和放电电压下降，经数次全充/放电循环后，电池特性即可恢复的现象。记忆效应是一种暂时的现象，它可以通过调节循环消除，即经过几次满充电后的完全放电循环来进行消除。电池的失效有可逆失效和不可逆失效两种，其中最重要的可逆失效现象就是记忆效应。电池的记忆效应主要有以下方面的表现：①放电电压偏低；②放电容量偏低；③极板发生变化。记忆效应主要表现在镍铬电池中。

9. 成本

电池的成本与电池的技术含量、材料、制作方法和生产规模有关，目前新开发的高比能量、比功率的电池（如锂离子电池）成本较高，使电动汽车的造价也较高。开发和研制高效、低成本的电池是电动汽车发展的关键。

电池成本一般以电池单位容量或能量的成本来表示，单位为 $元·(A·h)^{-1}$ 或 $元·(kW·h)^{-1}$，以便对不同类型或同类型不同生产厂家、不同型号的电池进行比较。

10. 环境温度

电池的实际容量、能量、功率和自放电率等性能随环境温度的不同而变化，电池在其最佳温度区域表现出良好性能。电池的寿命与温度有着密切的关系，环境温度过高或过低都会对其性能及寿命产生不利影响。电池的温度过低会导致锂离子在电极材料、电解液及隔膜之间的电导率下降，造成锂离子的脱嵌能力下降，从而导致电池即使在常规的工况下工作也会产生较为严重的极化，发生不可逆的反应，影响电池的使用寿命。电池温度过高会引起电池"热失控"，造成电池寿命急剧下降，甚至引发火灾。因此，电池管理系统在电池充放电过程中，都有严格的控制电池工作温度的热管理系统，确保电池工作在最佳温度区间内。

11. 电池的放电

电池放电是将电池内储存的化学能以电能方式释放出来的过程，即电池向外电路输送电流。蓄电池的放电参数主要有放电深度、放电率和自放电率。

1）放电深度是指电池当前的放电状态，用实际放电容量与额定容量的百分比来表示。电池的荷电状态描述了电池的剩余电量。

2）放电率是指放电时的速率，常用时率或倍率表示。时率是指一定的放电电流放完额定容量所需的小时数。倍率是指规定时间内放出其额定容量时所输出电流的数值与额定值的倍数。放电倍率 = 放电电流 / 额定容量。根据放电倍率的大小，可分为低倍率（小于0.5C）、中倍率（0.5~3.5C）、高倍率（3.5~7.0C）、超高倍率（大于7.0C）。例如，某电池的额定容量为20A·h，若用4A电流放电需要5h，也就是说以5倍率放电，用符号C/5或0.2C表示，为低倍率。

3）自放电率是指电池在存放期间容量的下降率，即电池无负荷时自身放电使容量损失的速度。

12. 电池的充电

电池充电是将外部电源输入蓄电池的直流电能转换为化学能储存起来的过程。蓄电池的充电参数主要有充电特性、完全充电和充电率。充电特性是指充电时蓄电池的电流、电压与时间之间的关系。完全充电是指蓄电池内所有可利用的活性物质都已转变成完全荷电的状态。充电率是指充电时的速率，也分为时率和倍率。例如，充电电池的额定容量为1100mA·h时，即表示以1100mA（1C）放电时间可持续1h。又如1200mA·h的电池，0.2C表示240mA（1200mA·h的0.2倍率），1C表示1200mA（1200mA·h的1倍率）。

13. 电池的极化

极化是电池由静止状态转入工作状态产生的电池电压、电极电位的变化现象。极化现象反映了由静止状态转入工作状态能量损失的大小。极化现象也可理解为对平衡现象的偏离。热力学平衡过程与可逆现象紧密相连。可逆过程或平衡过程的变化率是很小的，但实际过程必须有一定的速率，有时还要求有很高的速率。常见的极化现象有阳极极化、阴极极化、欧姆极化（电阻极化）、浓差和电化学极化等。

14. 电池电极材料

电池电极材料有多种组合方案，促使在电化学反应中产生更高的电压，使电荷分离。溶液溶解的负极金属越多，电子被释放得越多，电极的表面积越大，产生的自由电子越多，温度越低，电偶元素则会越少。根据排出的元素可知，有较少的元素可以供应电力。每种金属的活动性不同，产生的电压也不同。

3.1.2 动力电池包结构识别

1. 标识检查

动力电池箱体上一般有安全警告标识和电池参数说明标签,如图 3-1-1 所示。检查时要注意电池标识完好无脱落现象,且信息完整、清晰。

2. 接插件检查

动力电池通过两个插件(图 3-1-2)与外界连接:①高压插件是动力电池总正、总负端子;②低压插件是动力电池电池管理系统与车身控制系统连接的控制电路端子。

图 3-1-1 动力电池包标识

图 3-1-2 动力电池接插件

检查时目测动力电池高、低压插接件外观有没有被泥沙或污物覆盖,若有应给予清理,用气枪吹净灰尘。另外,检查是否有变形、松脱、过热、损坏的情况。要求部件完好、清洁,与车身连接牢固、锁止可靠;线束无死弯、无破损、固定完好、连接正常。

拔下接插件,检查两端针脚有无锈蚀、退针、弯曲、烧蚀等异常,检查接插件内侧的橡胶密封胶垫是否完好,检查插件中间位置是否有水迹,检查结果需要详细记录。如检查无异常,在接插件内表面喷涂 WD40,以保护插件顺利装复,保护接触良好,防止水汽进入接插件内部。

3.1.3 吉利帝豪 EV450 电动车维护修理安全须知

1)纯电动轿车上的用电设备分低压用电部件与高压用电部件。低压用电部件包括仪表、音响、灯光、喇叭、蜂鸣器和鼓风机等;高压用电部件包括驱动电机、驱动电机控制器、高压电池组、高压电池组、高压配电箱、高压转换器(DC/DC)、车载充电机、空调压缩机、空调暖风机等。

纯电动汽车车载充电机构造

2)吉利帝豪 EV450 车型高压动力电池额定电压为 359.66V(风冷)/346V(水冷)。

3)高压部件上贴有橙黄色警告标签,注意警告标签上的内容要求。为了避免触电伤害,禁止触碰高压部件、高压电缆(橙色)及其连接头。

4）如果车上的电缆裸露或破损，禁止触碰，以防触电。

5）禁止非专业维修人员随意解除、拆解或改装用电设备，否则触碰到高压电将导致人员烧伤，甚至触电死亡等严重后果。

3.1.4 吉利帝豪EV450电动车修理安全措施

1. 绝缘护具

绝缘护具主要包括绝缘防护服、绝缘胶鞋、防护眼镜和绝缘手套。维修人员操作前必须穿戴好绝缘防护用品：穿好绝缘防护服和绝缘胶鞋，戴好防护眼镜和绝缘手套（根据工作情况选择相应的防高压电工手套或防电池电解液酸碱性手套）。使用前必须检查绝缘防护用品，保证其无破损、破洞和裂纹，内外表面清洁、干燥，不能带水进行操作，确保安全。

2. 绝缘工具

绝缘工具主要包括绝缘胶垫、绝缘工具、动力电池安装堵盖和动力电池工作台。绝缘工具的使用需要在维修区域垫上绝缘胶垫；维修人员对带电部件进行操作时必须使用绝缘工具；在拔出维修开关后必须使用动力电池安全堵盖将维修开关盖口堵住；检修动力电池和电控元件时必须使用带绝缘垫的专业工作台。使用前必须检查绝缘工具，保证其无破损、破洞和裂纹，内外表面清洁、干燥，不能带水进行操作，确保安全。

3. 维修场地

维修场地主要包括高压警示牌、二氧化碳或磷酸铵盐类灭火器、警戒线和专用维修工位接地线。维修场地要求在维修作业前采用隔离措施：使用警戒栏隔离，并树立高压警示牌，以警示不相关人员远离该区域，避免发生安全事故。维修场地指定位置必须配备消防栓，使用清水灭火。在维修高压设备前，将车身用搭铁线连接到电动车专用维修工位的接地线上。安装专用的交流电路（220V，50Hz，16A）和电源插座。如果给电动车充电时没有使用专用线路，可能影响线路上其他设备的正常工作。保持工作环境干净且通风良好，远离液体和易燃物。

3.1.5 吉利帝豪EV450电动车维修操作安全注意事项

1）维修开关由专人保管，防止有人误操作。维修开关拔出后，需要等待5min以上，待电机控制器、充电机等内部有电容元件的部件充分放电。

2）维修车辆时，必须设置专职监护人一名，监护人和维修人员必须具备国家认可的特种作业操作证（电工）与初级（含）以上电工证（职业资格证书）。

3）监护人的工作职责为监督维修的全过程：

①监督维修人员组成、工具使用、防护用品佩戴、备件安全保护、维修安全警示牌等是否符合要求。

②检查维修开关的接通与断开。

③负责对维修过程中的安全维修操作规程进行检查,监护人要按安全维修操作规程进行检查,监护人要按安全维修操作规程指挥操作,维修人员在做完一个操作后要告知监护人,监护人要在作业流程单上做标记。

4)禁止未经培训的人员进行高压部分的检修,禁止一切人员带有侥幸心理进行危险操作,避免发生安全事故。

3.1.6 吉利帝豪EV450电动车检修动力电池注意事项

1)在检修动力电池时,为了防止电解液泄漏造成人员伤害,维修人员必须佩戴防电池电解液酸碱性手套和防护眼镜,以防止电解液腐蚀皮肤和溅入眼中。

2)拔出维修开关后,需使用动力电池安全堵盖将维修开关盖口堵住。

3)拔出维修开关只是切断了从动力电池到高压用电设备的电源,动力电池仍然是有电的,当需要检修动力电池时,应使用绝缘胶带包好裸露的高压部件,避免触电。

4)需要拆下动力电池时,应使用液压升降车。

5)搬运动力电池至电池维修专业工作台时,应用动力电池专用吊架,严禁直接用手抬动动力电池。

6)液压升降机台面中心支撑电池包底面中心靠后约三分之二处,以免电池跌落。

3.1.7 吉利帝豪EV450电动车安全操作

1. 检修高压系统

1)在车辆上电前,确认是否还有人员在进行高压维修操作,避免发生危险。

2)检修高压系统时,断开起动开关电源,脱开蓄电池负极电缆和断开维修开关,由专职监护人员保管,并确保在维修过程中不会有人将其重新安装。

3)检修高压线时,对拆下的任何裸露高压部位,应立刻用绝缘胶带包扎绝缘。

4)安装高压线时,必须按照车身固定孔位要求将线束固定好。

5)不能用手指触摸高压线束插接件里的带电部分,以免触电。另外,应防止细小的金属工具或铁条等接触到插接件中的带电部分。

2. 使用万用表测量

1)检修高压系统前应使用万用表测量整车高压回路,确保无电。方法如下:拔出维修开关5min后，测量动力电池和车身之间的电压，初步判断是否漏电。若检测到电压大于等于50V，应立即停止操作，检查判断漏电部位。

2）使用万用表测量高压时，需注意选择正确量程，检测用万用表精度不低于0.5级，要求具有直流电压测量挡位，量程范围大于等于500V。

3）使用万用表测量高压时，需遵守"单手操作"原则。

4）所使用万用表的一根表笔线上配备绝缘鳄鱼夹（要求耐压为3kV，过流能力大于5A），测量时先把鳄鱼夹夹到电路的一个端子，再用另一只表笔接到需测量端子测量读数，每次测量时只能用一只手握住表笔。

5）使用万用表测量高压时，严禁触摸表笔金属部分。

3. 车辆发生异常、事故、火灾和浸入水中的处理

1）如果车辆发生事故，不允许再次起动车辆，并且在救援前将维修开关断开。

2）不论车辆发生任何异常，操作人员都应穿戴好绝缘防护用品后立即拔出维修开关，再进行正常维修作业或拖车作业。

3）如果车辆起火，应立即使用大量清水灭火。

4）如果车辆浸入水中，在打捞前必须等待水面无气泡和"滋滋"声产生，电量消耗后，穿戴好绝缘防护用品才能进行打捞作业，以防触电。

3.1.8 吉利帝豪EV450动力电池总成维护项目

吉利帝豪EV450动力电池总成维护项目如表3-1-3所示。

表3-1-3 吉利帝豪EV450动力电池总成维护项目

总成	保养项目	保养内容	保养周期
动力电池总成	电池箱外围	电池箱体（含尾部挂梁）与车辆底盘的固定螺柱紧固	10000km或6个月保养一次
		电池箱体（含尾部挂梁）与车辆底盘的固定螺柱腐蚀/破损	
		MSD拉手及底座内部清洁度/腐蚀/破损	
		高压连接器公插与母插清洁度/腐蚀/破损	
		低压连接器公插与母插连接可靠性	
		低压连接器公插与母插清洁度/腐蚀/破损	
		电池箱箱体划痕/腐蚀/变形/破损	
		电池下箱体底部防石击胶划痕/腐蚀/破损	
	电池状态	检查电池状态参数/荷电状态/温度/单体电压	
		检查PACK绝缘阻值	

拓展知识

1. 锂电池储存规范

（1）短期储存

锂电池短期（如6个月以内）不使用，电池原厂商出货带电量状态下，将电池储存在干燥、无腐蚀性气体、温度为-20℃~+35℃、湿度为65%±20%的地方，高于或低于此温湿度会使电池金属部件生锈或使电池出现泄漏。

（2）长期储存

锂电池长期（如6个月以上）不用应充入50%~70%的电量，并从仪器中取出存放在干燥阴凉的环境中，并每隔3个月充一次电池，以免存放时间过长，电池自放电导致电量过低，造成不可逆的容量损失。

锂电池的自放电受环境温度及湿度的影响，高温及湿温会加速电池的自放电，建议将电池存放在温度为10℃~25℃、相对湿度为65%±20%的干燥环境。

（3）充电及带电量控制

充电方法：①由电池供应的原厂商使用专用的电池设备；②由客户或使用者将电池装在仪器设备中充电。

通常锂电池有比较完备的保护功能（带有保护板），对电池充电时没有太多的其他要求，但为防止保护板过充保护功能失效造成的安全问题，也不建议长时间充电，电池充饱后即取出。另外，充电时必须使用原装或电池所附带的充电器，并按说明进行操作和使用，否则可能损坏电池甚至发生危险。

带电量识别及检测方法：带电量50%~70%，通常对应的电压范围为3.6~3.9V（不同材料体系的锂电池有区别）；客户或使用者可以使用万用表测量正负极端的电压，如装在仪器或设备中可直接读取仪器上显示的电量。

2. 锂电池的应急处理方法

锂电池长期存放可能会发生漏液、生锈、鼓胀现象；如操作不当，可能发生发热、燃烧或爆炸等现象，相关的处理方法如下。

生锈的处理方法：通常所见的圆柱类锂电池（聚合物锂电池不存在此现象），初期、轻微的生锈不会影响锂电池的性能，可以正常使用。如生锈严重（如盖帽部位），将影响电池密封性能而漏液，必须报废处理。

漏液或鼓胀的处理方法：漏液是指电池中的电解液泄漏出来，通常会有刺鼻的气味。电解液有很强的腐蚀性，将导致电池保护板元器件损坏。如是聚合物锂电池，将会发生鼓胀。漏液和鼓胀的电池必须挑选出来，报废处理。

正常温湿度环境条件下，电池不会产生发霉、变色。如果发生漏液，则将产生此类不良现象。

发热的处理方法：充电和放电时（使用状态下）会发热，但温度通常在60℃以下。电池在内部或是外部短路状态下，温度会达到上百或是几百摄氏度，此时电池必须隔离出来，放在沙子中。注意：不能用手直接接触电池，否则会烫伤。待电池温度降到正常温度，做报废处理。

燃烧或爆炸的处理方法：如果发生燃烧或爆炸，人员必须远离；电池燃烧不会产生明火，通常是因高温点燃旁边易燃品或包装外箱。在做好防护措施的前提下，如果是单个或极少数电池燃烧或爆炸，使用沙子直接覆盖燃烧或爆炸的电池；如果是大面积的燃烧，则使用干粉灭火器灭火，严禁使用水灭火，因为水将导致电池短路。

任务2　动力电池的更换与开盖维修

学习目标

1）能描述动力电池拆装的准备工作。
2）能描述动力电池拆装前准备。
3）能描述动力电池拆装安全注意事项。

3.2.1　动力电池拆装的准备工作

1）防护装备：防护用品一套，如图3-2-1所示。

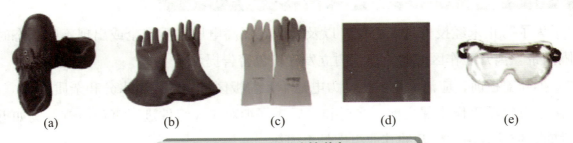

图3-2-1　防护装备

（a）绝缘鞋；（b）绝缘手套；（c）防酸碱手套；（d）绝缘垫；（e）防护眼镜

2）车辆、台架、总成：吉利帝豪 EV450。

3）专用工具、设备：充电器、电池组托架、专用测试仪、蓄电池拆装专用工具。

4）手工工具：新能源汽车维修组合工具。

5）辅助材料：高压电维修警示牌和设备、绝缘地胶、二氧化碳类型灭火器（图 3-2-2）、清洁剂。

图 3-2-2　二氧化碳类型灭火器

3.2.2　动力电池拆装前准备

必须满足一些前提的条件下，才允许对高电压动力电池单元进行有针对性的修理工作。这些前提条件既涉及人员安全，也包括特殊工具的要求。

拆卸与分解高压电池单元最重要的特殊工具包括：

1）可移动总成升降台以及用于拆卸和安装高电压动力电池单元的适配接头套件。

2）高电压动力电池单元电池模块充电器。

3）用于修理高电压动力电池单元后进行试运行的专用测试仪。

4）用于拆卸和安装电池模块的起重工具。

5）用于松开高电压动力电池单元内部卡子的塑料楔。

6）隔离带。

7）带发光条的黄色警示锥筒。

高电压动力电池单元修理工位必须洁净、干燥、无油脂、无飞溅火花，因此，必须避免紧靠车辆清洗场所或车身修理工位。如有可能，应使用活动隔板或隔离带进行隔离。

⚠ **注意**：只允许具备高电压动力电池单元修理资质的维修人员进行这项工作，而且只有符合检测计划且满足"外部没有机械损伤"前提条件时，才能打开高电压动力电池单元并根据检测计划更换损坏组件。

3.2.3　动力电池拆装安全注意事项

1）为了防止未经授权进入工位，以及无法确保高电压本质安全或出现不明状态时，应使用隔离带。离开工作区域时，建议树立发光黄色警告提示。

2）拆卸盖板前，应清除高电压动力电池单元盖板区域内的残留水分和杂质。

3）进行每项工作步骤之前、之时和之后应仔细对作业组件进行直观检查。例如拆卸某一组件时，应检查由此松开的其他组件是否损坏。

4）在拔下和插上电池管理单元的绝缘监控导线时，因为在较细导线上存在高电压，必须特别小心。拔下插头时，不要拉动导线，并注意插头是否正确锁止。如果未正确锁止，可能会无法识别绝缘故障。

5）工作中断时，应盖上拆下的壳体端盖，并拧入几个螺栓，防止无意中打开。

6）在高电压组件或连接件上或在其附近，不要使用带有尖锐刃口或边缘的工具或物体。例如，禁止使用螺丝刀、侧面切刀、刀具等。允许使用装配楔（"鱼骨"），在12V车载网络导线束上，允许使用侧面切刀打开导线扎带。

7）不允许切开高电压导线上的扎线带。可以松开卡子或将高电压导线连同支架部件一起拆卸。

8）拆卸和安装电池模块时，松开螺栓和进行拆卸时必须注意，不要松开电池模块上的塑料盖板，其下面装有导电电池接触系统。

9）如果高电压动力电池单元内部有杂质，明确原因后应对相关部位进行仔细清洁，允许使用以下清洁剂：①酒精；②风窗玻璃清洗液；③玻璃清洗液；④蒸馏水；⑤带塑料盖的吸尘器。

10）由于热交换器采用非常扁平的设计结构，拆卸和安装时损坏风险较高，必须始终由两个人来拆卸和安装热交换器。进行热交换器操作时，必须非常谨慎，因为热交换器损坏（弯曲、凹陷）时无法确保对电池模块进行冷却，这样会使车辆可达里程和功率明显下降。重新安装前，必须使用规定清洁剂清洁密封垫和密封面（排气单元、高电压插头、12V插头、热交换器接口）。

11）电解液的主要部分结合在固体阴极材料锂镍锰钴氧化物内和固体阳极材料石墨内。高电压动力电池单元内的自由电解液量非常小。出现泄漏时，可能会释放电解液和溶剂蒸气。其接触皮肤或眼睛后需用大量清水进行冲洗，并马上就医。发生火灾时主要会产生易燃气体、污浊气体和对健康有害的物质，如一氧化碳、二氧化碳、氢气和碳氢化合物。

⚠ 注意：切勿吸入以上气体。应供给充足新鲜空气。呼吸停止时应进行人工呼吸并马上就医。发生火灾时应通知消防部门，立即清理区域并保护事故地点。在不造成人员伤害的情况下，进行灭火并使用相应灭火剂（如水）。

12）穿戴好劳保用品。

⚠ 注意：高压操作前，维修人员必须穿戴好劳保用品，戴好绝缘手套，穿好高压绝缘鞋。在戴绝缘手套前，必须要检查绝缘手套是否破损，确保手套绝缘有效，如图3-2-3所示。

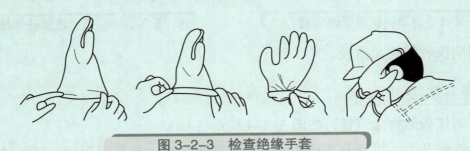

图3-2-3 检查绝缘手套

①检查绝缘手套外观有无明显磨损痕迹。

②检查绝缘手套密封性。

a. 卷起手套边缘。

b. 折叠开口，并封住手套开口。

c. 向手套内吹气，确认有无空气泄漏。

d. 同样的方法检查第二只手套。

③确认密封良好后，佩戴绝缘手套。

3.2.4 吉利帝豪EV450断电流程

1. 维修开关拆卸程序

1）打开前机舱盖。

2）断开蓄电池负极电缆。

3）拆卸维修开关。

4）打开副仪表储物盒盖板，如图3-2-4所示。

5）拆卸副仪表板储物盒，如图3-2-5所示。

6）拇指按住维修开关把手卡扣，其余手指按住把手，当把手由水平位置到垂直位置时，向上垂直拔出维修开关插头，如图3-2-6所示。

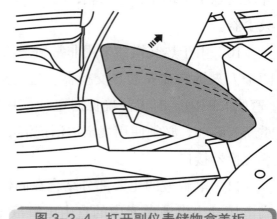

图3-2-4 打开副仪表储物盒盖板

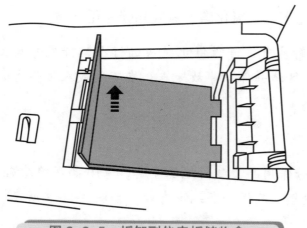

图3-2-5 拆卸副仪表板储物盒

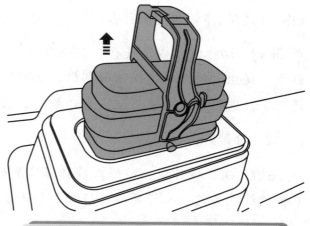

图3-2-6 拔出维修开关插头

7）关闭副仪表储物盒盖板。

2. 维修开关安装程序

1）打开副仪表储物盒盖板，如图3-2-4所示。

2）连接维修开关，维修开关插头垂直对准插座轻按，如受到阻力，则旋转插头180°再轻向下按，然后使把手卡口卡到位或听到轻微"咔嚓"声，如图3-2-7所示。

3）安装副仪表板储物盒，如图3-2-8所示。

4）关闭副仪表储物盒盖板，如图3-2-9所示。

5）连接蓄电池负极。

6）关闭前机舱盖。

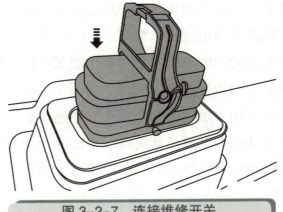

图3-2-7 连接维修开关

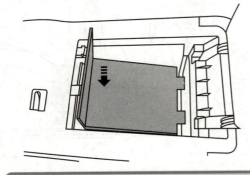

图3-2-8 安装副仪表板储物盒

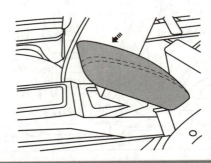

图3-2-9 关闭副仪表储物盒盖板

3.2.5 吉利帝豪EV450动力电池总成拆卸程序

⚠ **注意**：此项操作最少两人配合完成，电池包托举平台需缓慢匀速上升与下降，防止因惯性导致电池包位置偏移或滑落。

1）打开前机舱盖。
2）断开蓄电池负极电缆。
3）拆卸维修开关。
4）支撑动力电池总成：
①将车辆用举升机升起，如图3-2-10所示。

⚠ **注意**：举升时确保举升机的支撑点不要支撑在动力电池上。

②置入平台车，使用平台车支撑动力电池总成。

5）拆卸动力电池总成：
①断开动力电池进出水管与动力电池的连接。

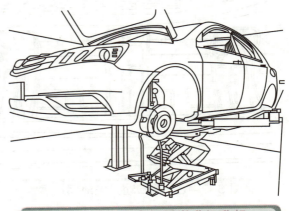

图3-2-10 将车辆用举升机升起

②断开动力电池出水管与热交换器的连接。

③断开动力电池进水管与水泵（水冷）的连接。

④断开动力电池进水管与电池膨胀壶加水软管的连接。

⑤取下动力电池进出水管，如图3-2-11所示。

⑥断开动力电池的两个高压线束连接器3，如图3-2-12所示。

⑦断开动力电池与前机舱线束的两个线束连接器2，如图3-2-12所示。

⑧拆卸动力电池搭铁线固定螺母，断开动力电池搭铁线1，如图3-2-12所示。

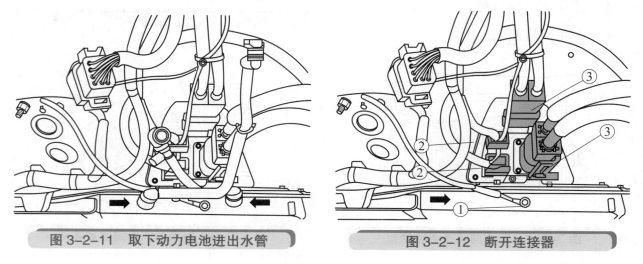

图3-2-11 取下动力电池进出水管　　　图3-2-12 断开连接器

⑨拆卸动力电池总成后部3个固定螺栓，如图3-2-13所示。

⑩拆卸动力电池总成前部2个固定螺栓1，如图3-2-14所示。

⑪拆卸动力电池总成左右各7个固定螺栓2，如图3-2-14所示。

⑫缓慢下降平台车，取出动力电池总成。

⚠ 注意：动力电池下降过程中平台车缓慢向前移动，可以避免动力电池与后悬架的干涉。

图3-2-13 拆卸动力电池固定螺栓1

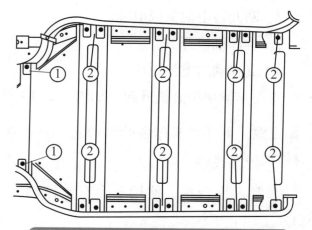

图3-2-14 拆卸动力电池固定螺栓2

3.2.6 吉利帝豪EV450动力电池总成安装程序

1）安装动力电池总成。

①缓慢举升平台车，调整平台车位置，使动力电池总成上的安装孔与车身对齐，如图3-2-15所示。

⚠️注意：动力电池上升过程中平台缓慢向后移动，可以避免动力电池与车身的干涉。

②安装并紧固动力电池总成后部3个固定螺栓（力矩：78N·m），如图3-2-16所示。

③安装并紧固动力电池总成前部2个固定螺栓1（力矩：78N·m），如图3-2-17所示。

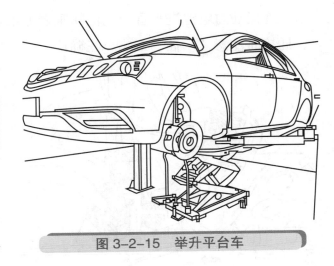

图3-2-15 举升平台车

④安装并紧固动力电池总成左右各7个固定螺栓2（力矩：78N·m），如图3-2-17所示。

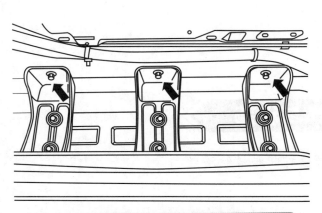

图3-2-16 安装动力电池固定螺栓1

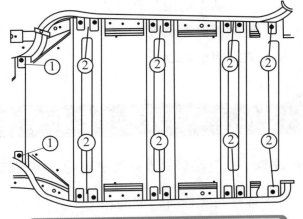

图3-2-17 安装动力电池固定螺栓2

⑤安装动力电池搭铁线，紧固动力电池搭铁线固定螺母1（力矩：10N·m），如图3-2-18所示。

⑥连接动力电池与前机舱线束的两个线束连接器2，如图3-2-18所示。

⑦连接动力电池的两个高压线束连接器3，如图3-2-18所示。

插接时注意"一插、二响、三确认"。

⑧安装动力电池搭铁线，紧固动力电池搭铁线固定螺母1（力矩：10N·m）。

⑨连接动力电池与前机舱线束的两个线束连接器2。

⑩连接动力电池的两个高压线束连接器3。

⑪连接动力电池进出水管，如图 3-2-19 所示。

⑫连接动力电池出水管与热交换器的管路。

⑬连接动力电池进水管与水泵（水冷）。

⑭连接动力电池进水管与电池膨胀壶加水软管。

插接时注意"一插、二响、三确认"。

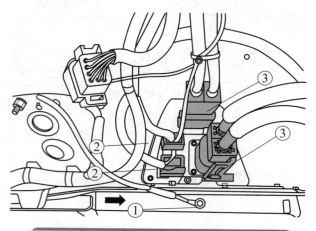

图 3-2-18 连接固定螺母和连接器

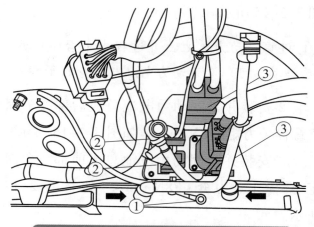

图 3-2-19 连接动力电池进出水管

2）安装动力电池维修开关。

3）连接蓄电池负极。

4）关闭前机舱盖。

3.2.7 动力电池包开盖流程与规范

⚠ 注意：拆卸过程中力矩大小要适当，防止螺栓拧断与螺纹滑丝。

1）选好与螺栓所匹配的相关工具。

⚠ 注意：螺栓为内六角螺栓，需使用专用内六角扳手进行拆卸操作。

2）用专用工具对准螺栓旋口，均匀用力旋拧至螺栓脱离箱体。

①双手固定工具与螺栓位置均匀用力。

②匀速旋拧至螺栓完全脱离螺纹孔，如图 3-2-20 所示。

3）检查螺栓是否全部拆除完毕。

4）两人一前一后配合，用力与速度同步均匀抬下盖板。

⚠ 注意：两人前后均匀上抬至盖板离开箱体，匀速抬下防止盖板折断，如图 3-2-21 所示。

图 3-2-20 拧松螺栓

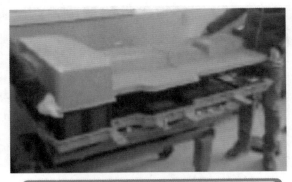

图 3-2-21 抬下盖板

3.2.8 动力电池包扣盖密封流程与规范

⚠ **注意**：安装过程中对螺栓的拧紧力度要均匀，防止螺栓折断、滑丝。

1）两人前后匀速盖扣动力电池包上盖板。

2）检查盖板无明显凸起、翘边，位置与箱体呈平行状态，如图 3-2-22 所示。

3）选好与箱体螺栓匹配的旋拧工具。

4）检查螺栓组合是否齐全，配件安装顺序是否正确。

①螺栓组合件为 4 件套，安装中必须配套使用。

②螺栓组合件安装先后顺序为：弹片（上）→垫片（中）→防护胶垫（下），如图 3-2-23 所示。

图 3-2-22 抬上盖板

图 3-2-23 螺栓组合件

5）将盖板螺栓旋拧进箱体的螺栓孔。

①安装中需注意螺栓是否对准箱体螺纹孔。

②匀速将全部螺栓旋拧紧固。

6）检查螺栓全部安装完毕。

7）对盖板与箱体边缘涂打密封胶进行密封处理。

①密封过程选胶枪与密封胶配合使用，如图 3-2-24 所示。

②密封胶涂打箱体一圈，禁止留有间断部位，如图 3-2-25 所示。

图3-2-24 选胶枪

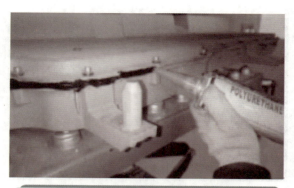
图3-2-25 密封胶涂打箱体一圈

拓展知识

1. 动力电池回收与处理的注意事项

对高压动力电池部件进行维修时，必须采取特别的防护措施，同时遵守与工作环境相关的所有高压安全防护措施，还需要佩戴个人防护设备。

只允许将动力电池及其组件如电池模块存放在带有自动灭火装置的空间内。此外，必须装有火灾探测器，从而确保即使不在工作时间内也能识别出失火情况。原则上不允许将动力电池放在地面上，只能放在架子上或绝缘垫上。必须将各电池模块存放在可上锁的安全柜内。当动力电池单元故障但未损坏时，可像起动蓄电池一样将其放在运输容器内，如图3-2-26所示。

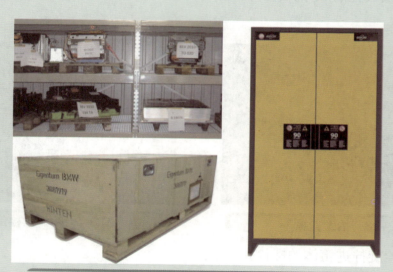
图3-2-26 存放完好无损的高电压蓄能器和电池模块

出现以下情况时就会视为蓄能器损坏：动力电池单元带有可见烧焦痕迹；动力电池单元具体部位可见高温形成迹象；动力电池单元冒烟；动力电池单元外部面板变形或破裂。必须将损坏的高电压蓄能器临时存放在户外带有特殊标记的容器内至少48h，之后才允许进行最终废弃处理。

2. 动力电池检测与维修安全规程

1）操作人员必须通过企业高压作业专项培训，并获得资格认证。
2）操作人员体内如植入有电子医疗装置，可能会影响其功能。
3）操作人员必须严格遵守"双人作业"安全规范。
4）操作人员必须严格遵守"单手操作"安全规范。
5）操作人员必须严格按照作业要求有效佩戴绝缘护具。
6）操作人员必须严格按照作业要求正确使用绝缘工具。
7）操作人员必须严格按照作业要求检查确认维修场地。
8）操作人员必须严格遵守车辆使用要求和维修规范。

任务3 检测汽车动力电池

学习目标

1）能描述动力电池的主要性能指标。
2）能描述动力电池的性能检测方法。

3.3.1 动力电池的主要性能指标

动力电池是储能电池的一种，学习动力电池的性能指标，首先要了解储能电池的性能指标。储能电池（以下简称"电池"）品种繁多，性能各异。常用以表征其性能的指标有电性能、机械性能、储存性能等，有时还包括使用性能和经济成本。

1. 电压

电压分电动势、端电压、开路电压、工作电压和额定电压等。

（1）电动势

电池的电动势，又称电池标准电压或理论电压，为组成电池的两个电极的平衡电位之差。

（2）端电压

电池的端电压指电池正极与负极之间的电位差。

（3）开路电压

电池的开路电压指无负荷情况下的电池端电压。开路电压不等于电池的电动势。必须指出，电池的电动势是从热力学函数计算得到的，而电池的开路电压是实际测量出来的。

（4）工作电压

电池的工作电压指电池在某负载下实际的放电电压，通常指一个电压范围。例如，铅酸蓄电池的工作电压为1.8~2V，镍氢电池的工作电压为1.1~1.5V，锂离子电池的工作电压为2.75~3.6V。

（5）额定电压

额定电压指该电化学体系的电池工作时公认的标准电压。例如，锌锰干电池为1.5V，镍镉电池为1.2V，铅酸蓄电池为2V。

（6）终止电压

终止电压指放电终止时的电压值，根据放电电流大小、放电时间、负载和使用要求的不同而不同。以铅酸蓄电池为例：电动势为2.1V，额定电压为2V，开路电压接近2.1V，工作电压为1.8~2V，放电终止电压为1.5~1.8V。根据放电率的不同，其终止电压也不同。

（7）充电电压

充电电压指外电源的直流电压对电池充电的电压。一般的充电电压要大于电池的开路电压，通常在一定的范围内。例如，镍镉电池的充电电压为1.45~1.5V，锂离子电池的充电电压为4.1~4.2V，铅酸蓄电池的充电电压为2.25~2.7V。

（8）电压效率

电压效率指电池的工作电压与电池电动势的比值。因为电池放电时存在电化学极化、浓差极化和欧姆压降，所以电池的工作电压小于电动势。改进电极结构（包括真实表面积、孔率、孔径分布、活性物质粒子的大小等）和加入添加剂（包括导电物质、膨胀剂、催化剂、疏水剂、掺杂等）是提高电池电压效率的两个重要途径。

2. 内阻

内阻指电池在工作时电流流过电池内部所受到的阻力。电池在短时间内的稳态模型可以看作一个电压源，其内部阻抗等效为电压源的内阻，内阻大小决定了电池的使用效率。电池包括欧姆内阻和极化内阻，极化内阻又包括电化学极化内阻和浓差极化内阻。例如，铅酸蓄电池的内阻包括正负极板的电阻、电解液的电阻、隔板的电阻和连接体的电阻等。

3. 容量

容量指电池在充足电以后，在一定的放电条件下所能释放出的电量，以符号C表示，其单位为安时（A·h）或毫安时（mA·h）。容量与放电电流大小有关，与充放电截止电压也有。电池的容量可分为理论容量、额定容量、实际容量、标称容量和比容量。

（1）理论容量

理论容量是指假设电极活性物质全部参加电池的电化学反应所能提供的电量，是根据法拉第定律计算得到的最高理论值。

（2）额定容量

额定容量也称保证容量，指设计和制造电池时，按照国家或相关部门颁布的标准，保证电池在一定的放电条件下能够放出的最低限度的电量。

（3）实际容量

实际容量指电池在一定的放电条件下实际放出的电量。它等于放电电流与放电时间的乘积。对于实用中的化学电源，其实际容量总是低于理论容量，而通常比额定容量大10%~20%。电池容量的大小，与正、负极上活性物质的数量和活性有关，也与电池的结构和制造工艺、电池的放电条件（电流、温度）有关。影响电池容量因素的综合指标是活性物质的利用率。换言之，活性物质利用得越充分，电池给出的容量也就越高。采用薄型电极和多孔电极，以及减小电池内阻，均可提高活性物质的利用率，从而提高电池实际输出的容量。

（4）标称容量

标称容量（或公称容量）是用来鉴别电池的适度的近似值。在指定放电条件时，一般指0.2C放电时的放电容量。

（5）比容量

为了比较不同系列的电池，常用"比容量"的概念。比容量指单位质量或单位体积的电池所能给出的电量，相应地称为质量比容量或体积比容量。

电池在工作时，通过正极和负极的电量总是相等的。但是，在实际电池的设计和制造中，正、负极的容量一般不相等，电池的容量受容量较小的电极的限制。实际电池中多为正极容量限制整个电池的容量，而负极容量过剩。

4. 效率

电池作为能量存储器，充电时把电能转化为化学能储存起来，放电时把电能释放出来。在这个可逆的电化学转换过程中，有一定的能量损耗。通常用电池的容量效率和能量效率来表示。

对于电动汽车，续驶里程是重要指标之一。在电池组电量和输出阻抗一定的前提下，根据能量守恒定律，电池组输出的能量转化为两部分：一部分作为热耗散失在电阻上；另一部分提供给电机控制器转化为有效动力。两部分能量的比率取决于电池组输出阻抗和电机控制器的等效输入阻抗之比，电池组的阻抗越小，无用的热耗就越小，输出效率就更大。

（1）容量效率

容量效率指电池放电时输出的容量与充电时输入的容量之比。影响电池容量效率的主要因素是副反应。当电池充电时，有一部分电量消耗在水的分解上。此外，自放电、电极活性物质的脱落、结块、孔率收缩等也降低容量输出。

（2）能量效率

能量效率也称电能效率，指电池放电时输出的能量与充电时输入的能量之比。影响能量效率的原因是电池存在内阻，它使电池充电电压增加，放电电压下降。内阻的能量以电池发热的形式损耗掉。

5. 能量

电池的能量指在一定放电制度下，电池所能输出的电能，通常用瓦时（W·h）表示。电池的能量反映了电池做功能力的大小，也是电池放电过程中能量转换的量度。对于电动汽车来说，电池的能量直接影响电动汽车的行驶距离。

（1）理论能量

假设电池在放电过程中始终处于平衡状态，其放电电压保持电动势的数值，而且活性物质的利用率为100%，即放电容量等于理论容量，则在此条件下电池所输出的能量为理论能量，也就是可逆电池在恒温、恒压下所做的最大功。

（2）实际能量

实际能量是电池放电时实际输出的能量。它在数值上等于电池实际容量与电池平均工作电压的乘积。

（3）比能量

比能量分为质量比能量和体积比能量。

1）质量比能量指单位质量电池所能输出的能量，也称质量能量密度，单位常用W·h/kg。
2）体积比能量指单位体积电池所能输出的能量，也称体积能量密度，单位常用W·h/L。
常用比能量来比较不同的电池系列。

6. 功率与比功率

电池的功率指电池在一定放电制度下，单位时间内输出的能量，单位为瓦（W）或千瓦（kW）。

单位质量或单位体积电池输出的功率称为比功率，单位为 W/kg 或 W/L。如果一个电池的比功率较大，则表明在单位时间内，单位质量或单位体积中给出的能量较多，即表示此电池能用较大的电流放电。因此，电池的比功率也是评价电池性能优劣的重要指标之一。

对于纯电动汽车，其电能储存装置应具有尽可能高的比能量，以保证汽车的续驶里程。对于混合动力汽车，其电能储存装置则应具有尽可能高的比功率，以保证汽车的动力性。不同储能器的比能量和比功率如表 3-3-1 所示。

表 3-3-1 不同储能器的比能量和比功率

电池种类	比能量/(W·h·kg^{-1})	比功率/(W·kg^{-1})
铅酸蓄电池	30~40	300~500
镍氢电池	40~50	500~800
锂离子电池	60~70	500~1500
锂聚合物电池	50	600~1100
飞轮储能器	1~5	50~300
超级电容器	2~8	400~4500

7. 放电电流和放电深度

（1）放电电流（放电率）

放电电流大小或放电条件通常用放电率表示，是电池容量或能量的技术参数。

放电率指放电时的速率，常用时率和倍率表示。时率是指以放电时间（h）表示的放电速率，即以一定的放电电流放完额定容量所需的时间。倍率指电池在规定时间内放出额定容量所输出的电流值，数值上等于额定容量的倍数。例如 2 倍率放电，表示放电电流数值为额定容量的 2 倍，若电池容量为 3A·h，那么放电电流应为 2×3=6A，也就是 2 倍率放电。

（2）放电深度

放电深度是表示放电程度的一种量度，为放电容量与总放电容量的百分比。放电深度与二次电池充电寿命的关系为：二次电池的放电深度越深，其充电寿命就越短，因此在使用时应尽量避免深度放电。

8. 荷电状态

荷电状态指蓄电池放电后剩余容量与全荷电容量的百分比，又称荷电程度。

9. 自放电

对于所有化学电源，即使在与外电路没有接触的条件下开路放置，容量也会自然衰减，这种现象称为自放电,也称荷电保持能力。

电池自放电的大小用自放电率来衡量,一般用单位时间内容量减少的百分比表示:自放电率=(储存前电池容量—储存后电池容量)/储存前电池容量×100%。

10. 寿命

电池的寿命分储存寿命和使用寿命。

储存寿命有"干储存寿命"和"湿储存寿命"两个概念:①对于在使用时才加入电解液的电池储存寿命,习惯上称为干储存寿命。干储存寿命可以很长。②对于出厂前已加入电解液的电池储存寿命,习惯上称为湿储存寿命。湿储存时自放电严重,寿命较短。

使用寿命是指电池实际使用的时间长短。对一次电池而言,电池的寿命表征给出额定容量的工作时间(与放电倍率大小有关)。对二次电池而言,电池的寿命分充放电循环寿命和湿搁置使用寿命两种。

3.3.2 动力电池的性能检测方法

常用的动力电池性能指标的检测方法包括荷电状态、内阻、容量、寿命、一致性等检测方法。

1. 荷电状态检测

电池的荷电状态被用来反映电池的剩余容量状况,是目前国内外比较统一的认识,其数值上定义为电池剩余容量占电池容量的比值。

荷电状态是动力电池重要的技术参数,只有准确知道电池的荷电状态,才能更好地使用电池。因为电池组的荷电状态和很多因素相关,且具有很强的非线性,所以给荷电状态实时在线估算带来很大的困难,还没有一种方法能十分准确地测量电池的荷电状态。目前,主要的测量方法有以下几种。

(1)开路电压法

该法利用电池开路电压与电池荷电状态的对应关系,通过测量电池开路电压来估计荷电状态。开路电压法比较简单,但是适用于测试稳定状态下的电池荷电状态,不能用于动态的电池荷电状态估算。

(2)安时积分法

安时积分法是通过负载电流的积分估算荷电状态。该法实时测量充入电池和从电池放出的电量,从而能够给出电池任意时刻的剩余电量。该法实现起来较简单,受电池本身情况的限制小,宜发挥实时监测的优点,简单易用、算法稳定,是目前电动汽车上使用最多的荷电状态估算方法。

（3）内阻法

电池的荷电状态与电池的内阻有一定的联系，可以利用电池内阻与荷电状态的关系来预测电池的荷电状态。图3-3-1所示为内阻测试仪。

2. 内阻检测

图3-3-1 内阻检测仪

内阻是电池较为重要的特性参数之一，绝大部分老化的电池都是因为内阻过大而造成无法继续使用。通常电池的内阻阻值很小，一般用毫欧来度量。不同电池的内阻不同，型号相同的电池由于各电池内部的电化学性能不一致，内阻也不同。对于电动汽车动力电池而言，电池的放电倍率很大，应在设计和使用过程中尽量减小电池的内阻，确保电池能够发挥最大功率特性。

锂离子电池的内阻不是固定不变的，而是在使用过程中受荷电状态和温度等因素的影响。

内阻测量是一个比较复杂的过程，目前主要有两种方法，即直流放电法和交流阻抗法。

（1）直流放电法

直流放电法是指对蓄电池进行瞬间大电流放电（一般为几十到上百安培），然后测量电池两端的瞬间压降，再通过欧姆定律计算出电池内阻。

（2）交流阻抗法

交流阻抗法以小幅值的正弦波电流或者电压信号作为激励源，注入蓄电池，通过测定其响应信号来推算电池内阻。该法的优点在于用交流法测量时间较短，不会因大电流放电对电池本身造成太大的损害。

3. 容量检测

电池容量是指在一定条件下（包括放电率、环境温度、终止电压等）供给电池或者电池放出的电量，即电池存储电量的大小，是电池另一个重要的性能指标。容量通常以安时（A·h）或者瓦时（W·h）表示。A·h容量是国内外标准中通用的容量表示方法，延续电动汽车电池中的概念，表示一定电流下电池的放电能力，常用于电动汽车电池。图3-3-2所示为电池容量测试仪与测试方法。

电池容量测试的标准流程为：放电阶段→搁置阶段→充电阶段→搁置阶段→放电阶段。具体为：用专用的电池充放电设备，在特定温度条件下，对蓄电池以设定好的电流进行放电，至蓄电池电压达到技术规范或产品说明书中规定的放电终止电

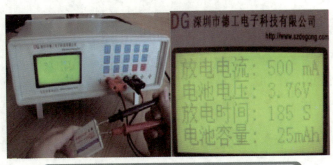

图3-3-2 电池容量测试仪与测试方法

压时停止放电，静置一段时间，再进行充电。

充电一般分为两个阶段，先以固定电流恒流充电，至蓄电池电压达技术规范或产品说明书中规定的充电终止电压时转恒压充电，此时充电电流逐渐减小，至充电电流降至某一值时停止充电，充电后静置一段时间。在设定好的环境下以固定的电流进行放电，直到放电终止电压为止，用电流值对放电时间进行积分计算出容量（以 A·h 计）。

4. 寿命检测

电池在使用过程中的容量会逐渐损失，导致锂离子电池容量损失的原因很多，有材料方面的原因，也有生产工艺方面的原因。一般认为，当蓄电池用旧只能充满原有电容量的 80% 时，就不再适合继续在电动汽车上使用了，可以进行梯次利用、回收、拆解和再生。

电池的寿命有循环寿命和日历寿命之分，其中应用最多的是循环寿命。

常规的循环寿命测试方法基本上就是容量测试充放电过程的循环，典型的方法是：将蓄电池充满电，蓄电池在特定温度和电流下放电，直到放电容量达到某一预先设定的数值，如此连续重复若干次。再将电池充满电，将电池放电到放电截止电压，检查其容量。如果蓄电池容量小于额定容量的 80%，终止试验，充放电循环在规定条件下重复的次数为循环寿命。

5. 一致性检测

电池容量分为单元电池的容量和电池组的容量，在现有的动力电池技术水平下，电动汽车必须使用多块电池构成的电池组来满足使用要求。由于同一类型、同一规格、同一型号的电池在开路电压、内阻、容量等方面存在差别，即电池性能存在不一致性，动力电池组在电动汽车上使用时性能指标往往达不到单电池的原有水平，使用寿命缩短，严重影响其在电动汽车上的应用。因此，有必要对电池组的一致性进行测试与评价。

电池开路电压间接反映了电池的某些性能，保证电池开路电压的一致，是保证性能一致的一个重要方面。一般采用的方法是将电池静置数十天，测其满电荷电状态下储存的自放电率以及满电状态下不同储存期内电池的开路电压，通过观察自放电率和电压是否一致来对电池的一致性进行评价。

容量是体现电池性能的一个重要参数。可按标准的容量测试流程计算容量，再根据容量及分布对一致性进行评价。这种方法具有操作简单、设备便宜、厂家易于实施等特点；但工作状态和使用环境不同，都会引起电池电压、容量特性的变化，在指定条件下的容量一致，并不能保证电池在实际充放电过程中保持一致。图 3-3-3 所示为电池分容柜。

图 3-3-3 电池分容柜

拓展知识

锂电池均衡仪的作用

锂离子电池在使用中为了满足能量和电压的需求,需要将数百只甚至是数千只单体电池通过串联和并联的方式组合为电池组。理论上这些单体电池应该具有完全相同的特性,但是实际上由于制造和生产过程相关工艺参数的波动,即便是同一批次的锂离子电池在性能上也存在一定的差异。

因此成组后,在使用过程中这些差异就会随着循环次数的增加而不断积累,导致单体电池之间的性能差异不断扩大,这些因素都会导致电池组的循环寿命远远低于单体电池的循环寿命。例如北京公交示范线上运行的公交车,在没有均衡器维护的情况下,尽管单体电池寿命可达1000次以上,但是在组成电池组后仅仅经过150次循环就出现了严重的容量衰减。所以锂电池均衡维护仪(图3-3-4)的作用就显得很重要了。那么这种均衡仪具体有哪些作用呢?

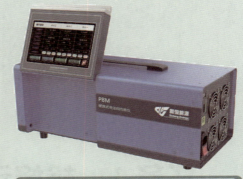

图3-3-4 锂电池均衡维护仪

1. 延长电池寿命

众所周知,如果一款产品能得到很好的养护和呵护,它的寿命可以延长得非常长,特别是对于电池这种占了设备成本80%以上的设备。如果不能很好地对电池进行维护,每次更换电池的成本就会让设备的使用价值降低,而选择电池均衡维护仪可以更好地维护电池,延长电池的寿命。测量电池组内不同单体电池的电压,一旦单体电池之间的电压差值达到某个标准,电池均衡维护仪就开始工作,对单体电池进行均衡。电池均衡维护仪的使用大大减少了循环中单体电池之间的偏差,提升了电池组的循环性能。

2. 确保安全

电池爆炸带来的危害不逊色于小型的炸药包或者手雷,电池一旦爆炸带来的危害不堪设想,造成的连锁火灾隐患更是触目惊心,所以如何确保电池在长期的使用中处于一个稳定安全的环境,是电池维护仪的重要责任。为了确保安全,通过均衡维护仪定期对电器进行快速的安全检测既节省时间,又可以避免安全隐患。

3. 确保供电充足

需要电池供电的设备一般需要在恒温恒压恒频电流的情况下,才能更好地工作。如果电池因为维护不当或者检测不当,供电的功率有所下降,将会导致设备无法在合适的工况下正常运转,可能会导致设备的损坏。

学习情境 4　动力电池的检修

任务 1　检修动力电池的绝缘故障

学习目标

1）能描述吉利帝豪 EV450 汽车故障诊断六步法。
2）能描述绝缘表的使用方法。
3）能描述吉利帝豪 EV450 动力电池绝缘故障诊断思路。

4.1.1　吉利帝豪 EV450 汽车故障诊断六步法

1）验证和重现故障症状。
2）明确故障。
3）推测故障发生的原因。
4）确认故障产生的原因。
5）标准作业维修。
6）确认故障排除。

4.1.2 绝缘表的使用方法

确定绝缘故障的部件要使用绝缘表（图4-1-1）。

使用步骤如下：首先将测绝缘阻值的连接线接在相应的位置。打开电源后，挡位转至1000V。测试时，将黑色线一端接触12V蓄电池负极/车身可导电位置/任意不与所测试高压件连通的导电位置，红色线一端接触所要测的位置，读取显示屏数据。

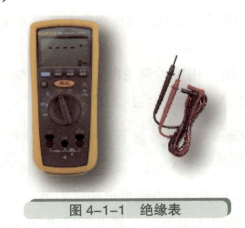

图4-1-1 绝缘表

4.1.3 吉利帝豪EV450动力电池绝缘故障诊断思路

针对帝豪EV450动力电池绝缘故障，首先表现形式为整车不能上高压。连入诊断仪后，查找AC控制器故障码是否报相应绝缘类故障（如接地电阻被击穿等），随后需用绝缘表确认是否存在绝缘问题，具体操作步骤如下。

1）使用故障诊断仪读取故障代码：

①操作起动开关，使电源模式至ON状态。

②连接故障诊断仪，读取系统故障代码。

③确认系统是否存在其他故障代码。

2）记录故障码，与维修手册中故障诊断代码列表类型故障代码、故障描述/条件、故障部位/排除方法（表4-1-1）进行对照，找出故障部位。

表4-1-1 故障代码

故障代码	故障描述/条件	故障部位/排除方法
P21F02A	高压继电器闭合的前提下，绝缘故障（最严重）	参见动力电池绝缘阻值检测
P21F02B	高压继电器断开的前提下，绝缘故障（最严重）	电池包内部（检查PACK绝缘）
P21F02C	绝缘测量故障	电池包内部（更换BMU）

3）正常下电，拔掉维修开关。

4）按照维修手册步骤进行故障排除。

4.1.4 检测动力电池绝缘阻值

1）确认高压回路切断：

①操作起动开关，使电源模式至OFF状态。

②断开蓄电池负极电缆。

③拆卸维修开关。

④断开动力电池高压线线束连接器 EP41。

⑤等待 5min。

⑥用万用表检测 EP41 端子 1 与端子 2 之间的电压（标准电压 ≤ 5V），如图 4-1-2 所示。

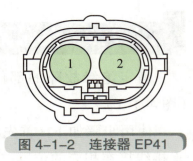

图 4-1-2　连接器 EP41

> ⚠ **注意**：端子 1 与端子 2 距离较近，严禁万用表针头短接和触碰任何非目标测量金属部件，并佩戴绝缘手套。

2）检测动力电池供电绝缘阻值：

①操作起动开关，使电源模式至 OFF 状态。

②断开蓄电池负极电缆。

③拆卸维修开关。

④拆卸动力电池高压线线束连接器 EP41。

⑤将高压绝缘检测仪的挡位调至 1000V。

⑥用高压绝缘检测仪测量动力电池高压线线束连接器 EP41 1 号端子与车身接地之间的电阻（标准电阻 ≥ 20MΩ）。

⑦用高压绝缘检测仪测量动力电池高压线线束连接器 EP41 2 号端子与车身接地之间的电阻（标准电阻 ≥ 20MΩ）。

⑧确认测量值是否符合标准，如果不符合标准值，修理或更换线束。

3）检测动力电池充电线路绝缘阻值：

①操作起动开关，使电源模式至 OFF 状态。

②断开蓄电池负极电缆。

③拆卸维修开关。

④拆卸动力电池高压线线束连接器 EP33。

⑤将高压绝缘检测仪的挡位调至 1000V。

⑥用高压绝缘检测仪测量动力电池高压线线束连接器 EP33 1 号端子与车身接地之间的电阻（标准电阻 ≥ 20MΩ），如图 4-1-3 所示。

⑦用高压绝缘检测仪测量动力电池高压线线束连接器 EP33 2 号端子与车身接地之间的电阻（标准电阻 ≥ 20MΩ），如图 4-1-3 所示。

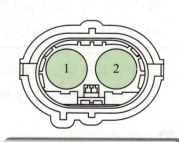

图 4-1-3　连接器 EP33

⑧确认测量值是否符合标准，如果不符合标准值，修理或更换线束。

整车绝缘故障可能的原因

高压配电系统中的任何高压部件发生绝缘故障（内部短路）均可引起整车绝缘故障。整车高压部件包括动力电池、驱动电机、电机控制器、PTC加热器、充电机及电动压缩机。绝缘故障整车高压部件绝缘阻值清单如表4-1-2所示。

新能源汽车高压部件的识别

表4-1-2 绝缘故障整车高压部件绝缘阻值清单

高压部件名称	测试端	正常阻值
动力电池直流母线	端子1（正极）与车身搭铁（负极）	≥20MΩ
	端子2（正极）与车身搭铁（负极）	≥20MΩ
PTC加热器	端子1（正极）与车身搭铁（负极）	≥20MΩ
	端子2（正极）与车身搭铁（负极）	≥20MΩ
AC空调压缩机	端子1（正极）与车身搭铁（负极）	≥10MΩ
	端子2（正极）与车身搭铁（负极）	≥10MΩ
OBC慢充充电机	端子1（正极）与车身搭铁（负极）	≥10MΩ
	端子2（正极）与车身搭铁（负极）	≥10MΩ
电机三项线束	U项	≥20MΩ
	V项	≥20MΩ
	W项	≥20MΩ
PTC加热器高压线束	线束端子1（正极）与车身搭铁（负极）	≥2MΩ
AC空调压缩机高压线束	线束端子2（正极）与车身搭铁（负极）	≥2MΩ
PEU电机控制器高压线束（输入）	T+、T-线束	≥2MΩ

⚠ **注意**：如果以上都检查没有问题，就要开盖检测高压部件里是否有异物导致绝缘故障（高压分线盒、PEU电机控制器盖、电机三相线盖）。线束损坏、接插件松动、烧蚀都有可能导致绝缘故障。

任务 2 检修动力电池管理系统的电源故障

学习目标

1）能描述动力电池管理系统故障级别分类。
2）能描述动力电池管理系统的电源故障故障代码。
3）能描述动力电池管理系统的电源故障诊断步骤。

4.2.1 动力电池管理系统故障级别分类

根据故障对整车的影响，动力电池管理系统故障划分为以下三个等级。

（1）一级故障（非常严重）

动力电池上报该故障一段时间后会造成整车出现安全事故，如起火、爆炸、触电等。动力电池在正常工作下不会上报该故障，动力电池管理系统一旦上报该故障，就表明动力电池处于严重滥用状态。

（2）二级故障（严重）

动力电池上报该故障会造成整车进入跛行、暂时停止能量回馈、停止充电。动力电池正常工作下不会上报该故障，动力电池管理系统一旦上报该故障，就表明动力电池某些硬件出现故障或动力电池处于非正常工作的条件下。

（3）三级故障（轻微）

动力电池上报该故障对整车无影响或不同程度造成整车进入限功率行驶状态。动力电池正常工作状态可能上报该故障，动力电池管理系统一旦上报该故障，就表明动力电池处于极限环境温度下或单体电池一致性出现一定劣化等。

4.2.2 动力电池管理系统电源故障故障代码说明

动力电池管理系统电源故障故障代码如表 4-2-1 所示。

表 4-2-1　动力电池管理系统电源故障故障代码

故障代码	说明
P21F024	动力电池管理系统的 12V 供电电源电压过低故障
P21F025	动力电池管理系统的 12V 供电电源电压过高故障

4.2.3　电路简图

电路简图如图 4-2-1 所示。

4.2.4　诊断步骤

1）检查蓄电池电压：

①操作起动开关，使电源模式至 OFF 状态。

②用万用表测量蓄电池正负极之间的电压（电压标准值：11~14V）。

③确认测量值是否符合标准。如不符合，检查充电系统或对蓄电池充电。

2）检查动力电池管理系统保险丝：

①操作起动开关，使电源模式至 OFF 状态。

②拔下保险丝 EF20，检查保险丝是否熔断（保险丝额定容量：10A）。如果熔断，检修保险丝线路，更换额定容量保险丝。

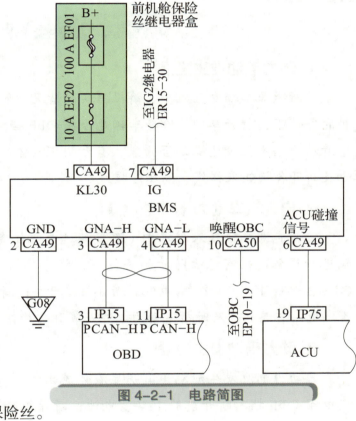

图 4-2-1　电路简图

3）检查动力电池管理系统电源线路：

①操作起动开关，使电源模式至 OFF 状态。

②断开动力电池管理系统线束连接器 CA49。

③操作起动开关，使电源模式至 ON 状态。

④用万用表测量动力电池管理系统束连接器 CA49 1 号端子和车身可靠接地之间的电压（电压标准值：11~14V）。

⑤用万用表测量动力电池管理系统束连接器 CA49 7 号端子和车身可靠接地之间的电压（电压标准值：11~14V）。

⑥确认测量值是否符合标准。如果不符合，修理或更换线束。

4）检查动力电池管理系统接地线路：

①操作起动开关，使电源模式至 OFF 状态。

②断开动力电池管理系统线束连接器 CA49。

③用万用表测量动力电池管理系统线束连接器 CA49 2 号端子和车身可靠接地之间的电阻（标准电阻＜1Ω）。

④确认测量值是否符合标准。如果不符合，修理或更换线束；如果符合，更换动力电池管理系统。

拓展知识

电动汽车动力电池相关故障处理

1. 动力电池发生碰撞

若新能源车辆发生碰撞，请根据实际情况按照以下方法对车辆进行操作：在有绝缘防护的条件下，打开车门；检查车辆是否在 OFF 挡；断开前舱 12V 蓄电池；断开维修开关；查看动力电池托盘边缘是否开裂，有无明显液体流出；若有漏电、漏液现象，拆下动力电池及断开各模组采样线、高压连接线。

2. 电动汽车动力电池被水淹

若新能源车辆浸入深水中（深度超过电池托盘），请根据实际情况按照以下方法对车辆进行操作：在有绝缘防护的条件下，将车辆从水中移出并打开车门；检查车辆是否在 OFF 挡；断开前舱 12V 蓄电池；断开维修开关；清除车辆内部水迹，检查车辆动力电池是否漏电；若漏电，及时拆下动力电池及断开各模组采样线、高压连接线。

3. 动力电池发生泄漏

若动力电池发生泄漏（有明显液体流出），请按照以下方法对车辆进行操作：将车辆退电至 OFF 挡，断开前舱 12V 蓄电池；断开维修开关；及时拆下动力电池及断开各模组采样线、高压连接线；发生少量泄漏时，请远离火源，使用吸液垫吸附后置于密闭容器中，或采用焚烧方式处理。操作前请佩戴防腐蚀手套。发生大量泄漏时，请统一收集，按照危险化学品处理，可加入葡萄糖酸钙溶液来处理有毒气体 HF。当人体不慎接触泄漏液体时，应立即用大量水冲洗 10~15min。如果有疼痛感，可用 2.5% 的葡萄糖酸钙软膏涂敷，或用 2%~2.5% 的葡萄糖酸钙溶液浸泡止痛。若无改善或出现不适症状，请立即就医。

4. 动力电池冒烟起火

若车辆起火，请根据实际情况按照以下方法继续对车辆进行操作：条件允许的情况下，将车辆退电至 OFF 挡、断开前舱 12V 蓄电池、断开维修开关；使用灭火器（请勿使用水基型灭火器）灭火，并立即拨打 119 电话救援。如果火势较大，发展较快，请立即远离车辆，并立即拨打 119 电话救援。